CURSO DE ESPAÑOL
Inicial 1

Prólogo

En la actualidad, gracias a la creciente presencia del español y los países hispanohablantes en diversos medios de comunicación, se ha incrementado considerablemente el interés por dicho idioma y estas naciones. Por consiguiente, en Corea existe una creciente demanda de libros de texto con los que los estudiantes puedan aprender español de una manera natural y divertida.

La serie *CURSO DE ESPAÑOL* es el resultado del análisis contrastivo de las ventajas y desventajas de varios manuales de español por parte de profesores con amplia experiencia docente en educación reglada. Esta es una serie de libros de texto que ha sido diseñada sistemáticamente para ayudar a los estudiantes coreanos a que alcancen una competencia lingüística básica que les permita desenvolverse eficazmente en situaciones cotidianas.

Cada unidad está dividida en tres partes. La primera, <TEMAS Y ACTIVIDADES>, permite a los alumnos interactuar entre sí para alcanzar una serie de objetivos comunicativos a través de actividades en las que deberán poner en práctica una o varias de las cuatro destrezas (expresión oral, comprensión auditiva, comprensión lectora y expresión escrita). La segunda, <VOCABULARIO Y EXPRESIONES>, permite a los alumnos ampliar su vocabulario y repasar las expresiones de la unidad. Por último, en <GRAMÁTICA Y EJERCICIOS> se explican los principales contenidos gramaticales de cada unidad en coreano para que los estudiantes puedan asimilarlos con mayor facilidad.

Esperamos que este manual sea una guía útil para los estudiantes coreanos que deseen comunicarse con personas de otros países que estén aprendiendo español como lengua extranjera, así como con hablantes nativos de cualquier país donde se habla español.

Finalmente, nos gustaría expresar nuestro más sincero agradecimiento al profesor Roberto Vega Labanda por su meticulosa revisión del manuscrito y a la profesora Verónica López Medina y al profesor Miguel Kim por su excelente grabación de los textos. También nos gustaría darle las gracias a la editorial Darakwon por haber llevado a cabo una edición impecable de gran atractivo visual.

Los autores

머리말

최근 다양한 매체를 통해 스페인어 및 스페인어권 국가들에 대한 노출이 증가하면서 스페인어뿐만 아니라 스페인어권 국가에 대한 문화적인 관심도 부쩍 늘었습니다. 이러한 추세에 따라 스페인어 학원 및 대학 기관 내에서는 한국인 학습자들의 눈높이에 맞춰서 회화와 문법을 동시에 익혀 입과 귀가 트일 수 있는 교재에 대한 요구가 높아지고 있습니다.

CURSO DE ESPAÑOL 시리즈는 실제 교육 현장에서 다년간 스페인어를 강의한 교수자들이 모여 기존 국내외 스페인어 교재들의 장단점을 분석하여 내용을 선별한 결과물입니다. 한국인 학습자들이 스페인어의 문법과 구조를 익히고 다양한 어휘 및 표현을 사용하여 실제 회화 상황에 활용할 수 있도록 구성한 체계적인 코스북 시리즈입니다.

각 과는 크게 세 부분으로 구분되는데 첫 번째로 <TEMAS Y ACTIVIDADES>에서는 주제별 말하기, 듣기, 읽기, 쓰기 활동을 통해 학습자들이 상호작용할 수 있도록 하였습니다. 두 번째로 <VOCABULARIO Y EXPRESIONES>는 학습자들이 앞서 나온 어휘나 표현을 주제에 따라 다시 한 번 확인하고 익힐 수 있도록 하였습니다. 마지막으로 <GRAMÁTICA Y EJERCICIOS>에서는 각 과의 필수 문법 내용을 한국인 학습자들이 쉽게 파악할 수 있도록 한국어로 설명하였고 다양한 연습 문제를 통해 이해를 강화할 수 있도록 하였습니다.

이 책이 스페인어를 사용하는 20여 개국의 원어민뿐만 아니라 제2 외국어로 스페인어를 배우는 다른 나라 사람들과 스페인어로 소통하고 그 문화권을 더 이해하고자 하는 한국인 학습자들이 쉽고 재미있게 스페인어를 배울 수 있게 하는 길잡이가 되기를 바랍니다.

끝으로 스페인어 감수에 도움을 주신 Roberto 교수님, 녹음에 도움을 주신 Miguel 선생님과 Verónica 선생님께 깊은 감사를 드립니다. 또한, *CURSO DE ESPAÑOL* 시리즈 출간에 적극적으로 응해 주신 다락원의 정규도 사장님과 교재의 활용도를 높일 수 있는 알찬 구성과 짜임새 있는 편집으로 이 책의 완성도를 높여 주신 다락원 편집진께 깊이 감사드립니다.

저자 일동

Notas aclaratorias

Antes de empezar

Se trata de una lección preliminar en la que se presentan el alfabeto español, su pronunciación y la acentuación de las palabras.

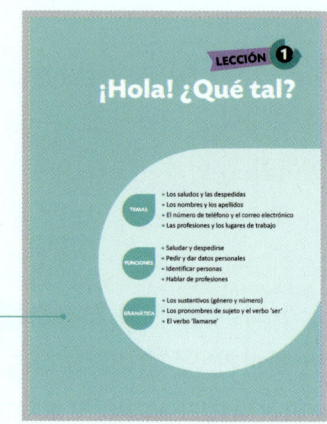

Presentación de la lección

Presenta los contenidos que se van a tratar en cada lección.

TEMAS Y ACTIVIDADES

Los diálogos introductorios y el vocabulario de cada lección van acompañados de imágenes que buscan motivar a los estudiantes y ayudarlos a comprender los temas y ponerlos en práctica.

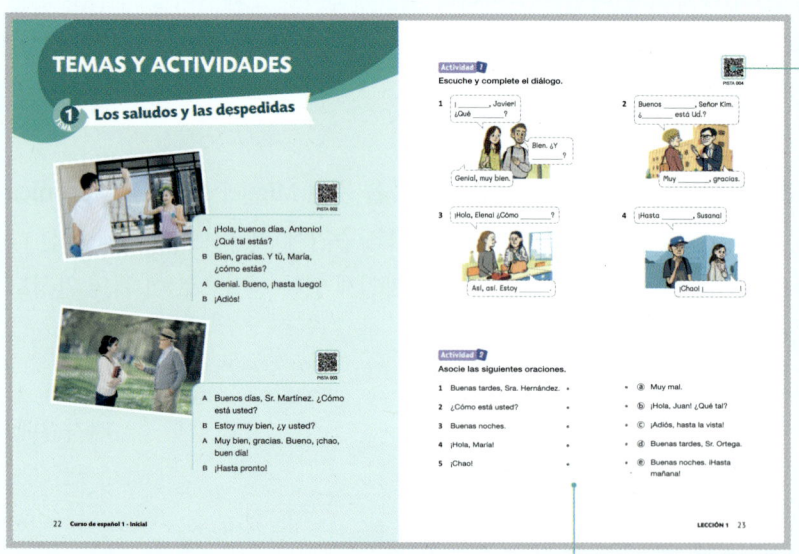

Ofrecemos ficheros MP3 grabados por hablantes nativos a través de códigos QR para que los estudiantes puedan escuchar por ellos mismos y repetir en lugar de simplemente ver.

De esta manera, los alumnos pueden mejorar su español en las cuatro destrezas (expresión oral, expresión escrita, comprensión auditiva y comprensión lectora) por medio de diversas actividades.

VOCABULARIO Y EXPRESIONES

El vocabulario y las expresiones de cada lección están ordenados según su categoría temática para que los alumnos puedan prepararse para la clase antes o después de ella.

GRAMÁTICA Y EJERCICIOS

Se explican los principales contenidos gramaticales de cada lección de la forma más simple posible. Los alumnos pueden evaluar su nivel de aprovechamiento directamente a través de los ejercicios que se ofrecen.

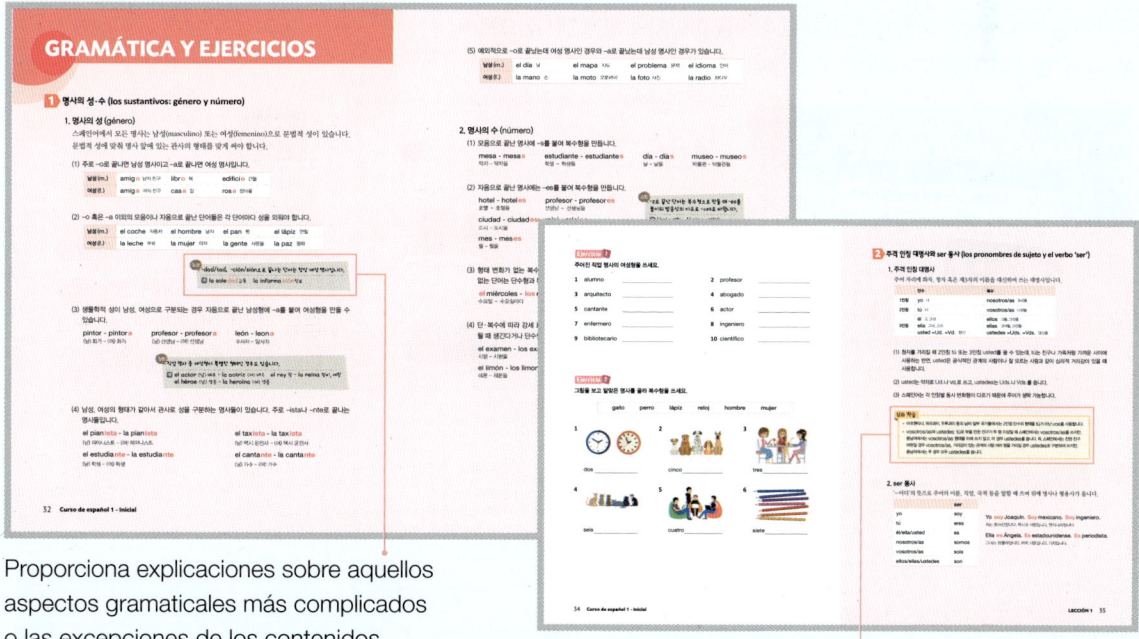

Proporciona explicaciones sobre aquellos aspectos gramaticales más complicados o las excepciones de los contenidos explicados, para que los alumnos puedan expresarse con mayor exactitud.

Ofrece una explicación adicional o información más detallada sobre el contenido gramatical explicado.

일러두기

예비과

본격적으로 스페인어를 학습하기에 앞서, 가장 기본적으로 알아야 하는 스페인어 알파벳의 발음과 강세에 대해 정리하였습니다.

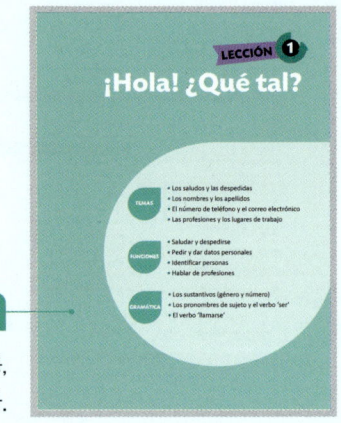

단원 도입

해당 단원의 주제 및 학습 내용, 문법 사항을 제시합니다.

TEMAS Y ACTIVIDADES

각 테마별 주제가 담긴 도입 대화 및 관련 어휘를 이미지와 함께 제시함으로써 학습 내용을 쉽고 재미있게 파악할 수 있습니다.

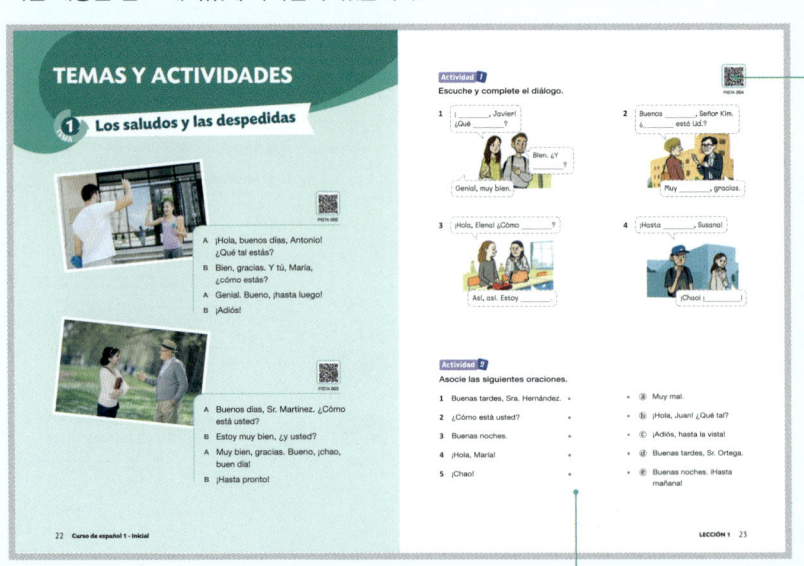

원어민이 녹음한 음성 파일을 QR 코드로 제공하여 눈으로만 보는 것이 아니라 귀로 듣고 따라 할 수 있도록 했습니다.

주제에 맞는 다양한 활동을 해 봄으로써 학습자는 듣기, 말하기, 읽기, 쓰기 능력을 향상시킬 수 있습니다.

VOCABULARIO Y EXPRESIONES

단원별로 어휘 및 표현을 정리하여 학습자들이 앞에서 배운 어휘들을 수업 전에 미리 공부하거나 수업 후에 복습할 수 있도록 주제별로 분류하여 제시하였습니다.

GRAMÁTICA Y EJERCICIOS

단원별 핵심 문법 내용을 학습자들이 최대한 간단명료하게 파악할 수 있도록 정리하였고, 연습 문제를 통해 학습한 내용을 바로 적용해 볼 수 있도록 하였습니다.

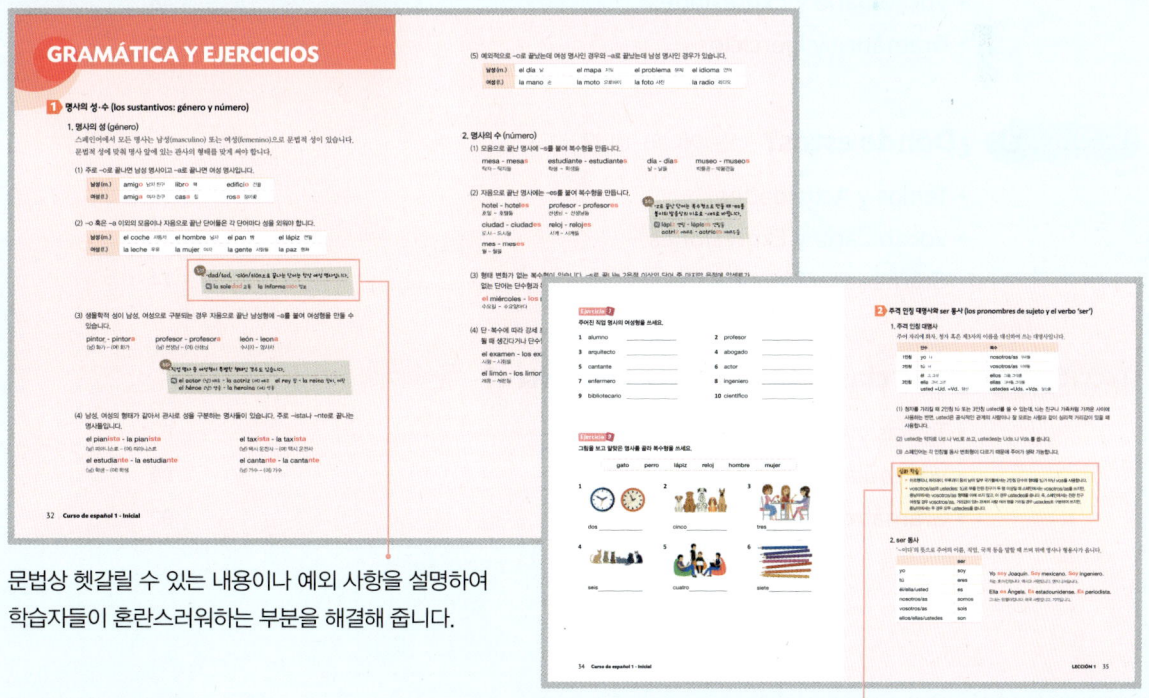

문법상 헷갈릴 수 있는 내용이나 예외 사항을 설명하여 학습자들이 혼란스러워하는 부분을 해결해 줍니다.

해당 문법 내용과 관련된 추가 설명이나 정보를 주기 위한 항목입니다.

Índice

Prólogo ׀ 머리말 2
Notas aclaratorias ׀ 일러두기 4
Índice ׀ 목차 8
Tabla de contenidos ׀ 내용 구성표 10

Antes de empezar ׀ 예비과 15

LECCIÓN ❶ ¡Hola! ¿Qué tal? 안녕, 잘 지내?
- Temas y Actividades 22
- Vocabulario y Expresiones 30
- Gramática y Ejercicios 32

LECCIÓN ❷ ¿Cómo eres? 너는 어떤 사람이니?
- Temas y Actividades 40
- Vocabulario y Expresiones 48
- Gramática y Ejercicios 50

LECCIÓN ❸ ¿Dónde estás? 너는 어디에 있니?
- Temas y Actividades 62
- Vocabulario y Expresiones 72
- Gramática y Ejercicios 74

LECCIÓN ❹ ¿Qué clases tomas este semestre? 이번 학기에 어떤 수업을 듣니?
- Temas y Actividades 82
- Vocabulario y Expresiones 90
- Gramática y Ejercicios 92

LECCIÓN 5 **¿Cuánto cuesta?** 얼마입니까?

- Temas y Actividades 100
- Vocabulario y Expresiones 110
- Gramática y Ejercicios 112

LECCIÓN 6 **¿Cómo es tu familia?** 네 가족은 어떤 가족이니?

- Temas y Actividades 120
- Vocabulario y Expresiones 130
- Gramática y Ejercicios 132

LECCIÓN 7 **¿Qué tiempo hace hoy?** 오늘 날씨 어때요?

- Temas y Actividades 142
- Vocabulario y Expresiones 152
- Gramática y Ejercicios 154

LECCIÓN 8 **¿A qué hora te levantas?** 너는 몇 시에 일어나니?

- Temas y Actividades 164
- Vocabulario y Expresiones 172
- Gramática y Ejercicios 174

LECCIÓN 9 **¿Quién es tu jugador favorito?** 네가 가장 좋아하는 선수는 누구니?

- Temas y Actividades 182
- Vocabulario y Expresiones 190
- Gramática y Ejercicios 192

ANEXO | 부록

- Clave de respuestas | 정답 200
- Traducciones de los diálogos | 대화 번역 211
- Transcripciones | 듣기 활동 대본 · 읽기 지문 번역 215
- Glosario | 색인 222

Tabla de contenidos

		TEMAS	FUNCIONES	GRAMÁTICA
1	¡Hola! ¿Qué tal?	• Los saludos y las despedidas • Los nombres y los apellidos • El número de teléfono y el correo electrónico • Las profesiones y los lugares de trabajo	• Saludar y despedirse • Pedir y dar datos personales • Identificar personas • Hablar de profesiones	• Los sustantivos (género y número) • Los pronombres de sujeto y el verbo 'ser' • El verbo 'llamarse'
2	¿Cómo eres?	• El aspecto físico y el carácter • Los colores • Los países, las nacionalidades y los idiomas	• Describir personas • Describir objetos por medio de colores • Preguntar y proporcionar datos personales (nacionalidad, edad, relación familiar, etc.)	• Los artículos • Los adjetivos • Los números (0~100) • El verbo 'tener'
3	¿Dónde estás?	• El aula • La ubicación • Los estados físicos y anímicos	• Describir el aula • Ubicar objetos • Encontrar lugares en un mapa	• La forma impersonal 'hay' • El verbo 'estar' • El verbo 'ser' • 'ser' + adjetivo vs. 'estar' + adjetivo
4	¿Qué clases tomas este semestre?	• Las asignaturas • Acciones habituales • Las preguntas	• Hablar de la profesión o la carrera • Hablar de hábitos cotidianos • Hacer preguntas	• El presente de indicativo: los verbos regulares • Los posesivos • Los números ordinales • Los interrogativos
5	¿Cuánto cuesta?	• Los precios • La ropa • Los planes	• Comprar y vender productos en tiendas o en mercados • Identificar personas por medio de la ropa • Hablar de planes e intenciones	• Los demostrativos • 'muy' vs. 'mucho' • Los números (100~) • El verbo 'ir'

		TEMAS	FUNCIONES	GRAMÁTICA
6	¿Cómo es tu familia?	• La familia • Los pasatiempos • Comida y bebida	• Construir árboles genealógicos • Hablar sobre gustos • Pedir en un restaurante	• El presente de indicativo: los verbos irregulares de cambio radical • Los pronombres de complemento indirecto • El verbo 'gustar'
7	¿Qué tiempo hace hoy?	• Los meses y las estaciones • El tiempo • Los días festivos • Las tareas domésticas	• Identificar los días festivos en el calendario • Describir el tiempo • Hablar de las actividades típicas de cada estación • Expresar la obligación	• El presente de indicativo: los verbos de 'yo' irregular • 'a' como marca de complemento directo de persona • Los pronombres de complemento directo • Los verbos de obligación y necesidad
8	¿A qué hora te levantas?	• La hora • Mi rutina diaria • Los seres queridos	• Dar la hora • Describir un día típico • Modo de saludar y relaciones interpersonales	• La expresión de la hora • El verbo 'tardar' vs. el verbo 'durar' • Los pronombres reflexivos y los verbos reflexivos • El 'se' recíproco
9	¿Quién es tu jugador favorito?	• El arte y la cultura • Las aficiones y el ocio • Los medios de transporte	• Hablar de las preferencias • Hablar de las aficiones y el ocio • Describir un viaje	• La posición de los pronombres de complemento directo e indirecto • El verbo 'saber' vs. el verbo 'conocer' • Los indefinidos

내용 구성표

		주제	기능	문법
1	안녕, 잘 지내?	• 만날 때와 헤어질 때의 인사 • 이름과 성 • 전화번호와 이메일 • 직업과 일터	• 인사하기와 작별 인사하기 • 인적 사항 묻고 답하기 • 신상에 대해 알아보기 • 직업에 대해 이야기하기	• 명사의 성·수 • 주격 인칭 대명사와 ser 동사 • llamarse 동사
2	너는 어떤 사람이니?	• 외모와 성격 • 색깔 • 나라, 국적, 언어	• 사람의 외모와 성격 묘사하기 • 사물을 색깔로 묘사하기 • 인적 사항 말하기 (국적, 나이, 가족 관계 등)	• 관사 • 형용사 • 숫자 (0~100) • tener 동사
3	너는 어디에 있니?	• 교실 • 위치 표현 • 신체 상태와 기분	• 교실 묘사하기 • 사물의 위치 표현하기 • 지도에서 장소를 찾기	• hay • estar 동사 • ser 동사 • 'ser + 형용사'와 'estar + 형용사'의 차이
4	이번 학기에 어떤 수업을 듣니?	• 과목 • 일상 활동 • 질문	• 직업과 전공에 대해 말하기 • 일상 습관에 대해 말하기 • 질문하기	• 현재형 규칙 동사 • 소유사 • 서수 • 의문사
5	얼마입니까?	• 가격 • 옷 • 계획	• 가게나 시장에서 상품을 사고팔기 • 옷 묘사하기 • 가까운 미래의 계획에 대해 말하기	• 지시사 • muy와 mucho • 숫자 (100~) • ir 동사

		주제	기능	문법
6	네 가족은 어떤 가족이니?	· 가족 · 취미 활동 · 음식과 음료	· 가계도 그리기 · 기호에 대해 말하기 · 식당에서 요리 주문하기	· 현재형 불규칙 동사 I · 간접 목적격 대명사 · gustar 동사
7	오늘 날씨 어때요?	· 달과 계절 · 날씨 · 공휴일 · 가사일	· 달력에서 공휴일을 찾아보기 · 날씨 묘사하기 · 각 계절에 주로 하는 활동에 대해 말하기 · 의무 사항 표현하기	· 현재형 불규칙 동사 II · 직접 목적어가 사람일 때 쓰는 전치사 'a' · 직접 목적격 대명사 · 의무와 필요 표현
8	너는 몇 시에 일어나니?	· 시간 · 매일 반복하는 일과 · 내가 사랑하는 사람들	· 시계 읽기 · 하루 일과 묘사하기 · 인사법과 다른 사람과의 관계에 대해 말하기	· 시간 표현 · tardar 동사와 durar 동사 · 재귀대명사와 재귀동사 · 상호의 se
9	네가 가장 좋아하는 선수는 누구니?	· 예술과 문화 · 취미와 여가 · 교통수단	· 선호하는 것에 대해 말하기 · 취미와 여가 생활에 대해 말하기 · 여행에 대해 기술하기	· 목적격 대명사 간 위치 · saber 동사와 conocer 동사 · 부정어

| 예비과 |

Antes de empezar

알파벳과 강세 Alfabeto y Acento

1 알파벳 (el alfabeto)

PISTA 001

철자	명칭	철자	명칭	철자	명칭
A a	a	J j	jota	R r	erre
B b	be	K k	ka	S s	ese
C c	ce	L l	ele	T t	te
D d	de	M m	eme	U u	u
E e	e	N n	ene	V v	uve
F f	efe	Ñ ñ	eñe	W w	uve doble/ doble uve
G g	ge	O o	o	X x	equis
H h	hache	P p	pe	Y y	i griega/ ye
I i	i	Q q	cu	Z z	zeta

2 발음 (la pronunciación)

스페인어는 모음을 기준으로 음절이 구성됩니다. 자음은 모음과 합쳐서 하나의 음절로 발음되며, 모음의 종류에 따라 자음의 발음이 달라지는 경우도 있습니다.

(1) **모음(las vocales)**: 스페인어는 a, e, i, o, u의 다섯 개의 모음이 있으며 a, o, e는 강모음이고 i, u는 약모음입니다.

철자	발음	예
A a	/a/	agua, amarillo
E e	/e/	euro, entrada
I i	/i/	idea, igual
O o	/o/	opinión, oso
U u	/u/	unidad, uno

(2) **자음(las consonantes)**

철자	발음	예
B b	/b/	barco, bueno
C c	/k/	casa, cosa, cuchillo, clima
C c	/θ/, /s/	cena, cine

c는 a, o, u 앞이나 자음 앞에서 /k/로 발음되며 e, i 앞에서는 /θ/나 /s/로 발음됩니다.
* ce, ci의 경우 스페인에서는 영어의 "th" 발음과 비슷한 치간음인 /θ/로 발음하지만 중남미에서는 주로 영어의 /s/와 비슷하게 발음합니다.

철자	발음	예
D d	/d/	día, dos, Dios
F f	/f/	favor, café, foto

Antes de empezar

G g	/g/	gato, gota, gusto, grifo
	/x/	gente, gira
	\multicolumn{2}{l}{g 는 a, o, u 앞이나 자음 앞에서 /g/로 발음되며 e, i 앞에서는 /x/로 발음됩니다. g와 e, i 사이에 u를 넣으면 u는 발음되지 않고 각각 한국어의 /게/, /기/ 처럼 발음되고, ü를 넣으면 u 발음이 나서 /구에/, /구이/로 발음됩니다. * gue /게/, gui /기/ 예 guerrero, guitarra 　güe /구에/, güi /구이/ 예 pingüino, bilingüe}
H h	Ø	La Habana, héroe, hijo
	\multicolumn{2}{l}{h는 소리가 나지 않습니다.}
J j	/x/	jamón, ojo, joven
K k	/k/	kiwi, koala, kilo
L l	/l/	libro, lejos, regalo
M m	/m/	mamá, memoria, muerte
N n	/n/	negocio, noche, nube
Ñ ñ	/ɲ/	mañana, español, niño
	\multicolumn{2}{l}{ñ는 영어의 "ny" 발음에 해당하며 마치 n뒤에 구개음 i가 붙어 있는 것처럼 발음합니다. * ña /냐/, ño /뇨/, ñe /녜/ 등}
P p	/p/	papá, papel, copa
Q q	/k/	queso, quizás, querer
	\multicolumn{2}{l}{q는 u모음을 항상 사이에 넣고 e, i와 함께 쓰이며 이 때 u는 발음되지 않고 /께/, /끼/로 발음됩니다.}
R r	/ɾ/	pera, caro, dinero
	/r̄/	rosa, reloj, Raúl
	\multicolumn{2}{l}{r가 단어 중간에 나오면 한국어 초성 /ㄹ/과 비슷하게 발음됩니다. 첫 음에 나올 때는 rr와 동일하게 혀를 떨어서 복합 진동음으로 발음됩니다. * 또한 n, s, l 뒤에 r가 나올 때도 rr처럼 발음됩니다. 예 Enrique, alrededor, Israel}

S s	/s/	salida, sol, sueño
T t	/t/	tango, tapa, tiempo
V v	/b/	vaca, ave, vacaciones
W w	/u/, /b/	Taiwán, wáter
X x	/ks/	examen, taxi
	/s/	xilófono, xenofobia
	/x/	México, Texas

x는 모음 사이에서 /ks/ 발음이 나고, 단어 첫 음에 쓰이면 /s/ 발음이 납니다.
몇몇 지명에서는 /x/로 발음됩니다.

Y y	/j/, /i/	y, yo, maya, Paraguay

음절 내 단독으로 쓰이거나 다른 모음 뒤에서는 모음 i와 동일하게 발음하고, 음절 내 초성으로 쓰일 경우에는 구개자음으로 발음하며 지역마다 약간 다르게 발음합니다. 가령, yo를 한국어의 /요/ 또는 /죠/에 가깝게 발음할 수 있습니다.

Z z	/θ/, /s/	zapato, zumo, azúcar

z는 스페인에서는 영어의 "th" 발음과 비슷한 치간음인 /θ/으로 발음하지만 중남미에서는 주로 영어의 /s/와 비슷하게 발음합니다.

주의 ch, ll, rr는 알파벳에 포함은 되지 않지만, **발음에 유의해야 하는 철자**입니다.

철자	발음	예
ch	/tʃ/	Chao, chino, chocolate
ll	/ʎ/	llave, calle, llover

ll의 원래 발음은 l 뒤에 마치 구개음 j가 붙어 있는 것처럼 발음합니다.
* lla /랴/, llo /료/, lle /례/ 등
하지만 요즘에는 y가 자음인 경우의 발음과 동일한 구개자음으로 발음하며 지역마다 약간 다르게 발음합니다. 가령, llave를 /야베/ 또는 /쟈베/에 가깝게 발음합니다.

rr	/r̄/	perro, carro, ferrocarril

rr는 단어 중간에만 사용하며 혀 앞부분을 떨어서 복합 진동음으로 발음합니다.

Antes de empezar

3 강세(el acento)

한 덩어리로 소리 나는 단위를 음절(sílaba)이라고 하며 '(자음) + 모음'이 기본 단위가 됩니다. 강세 위치는 다음과 같이 구분할 수 있습니다.

(1) "-s/-n"를 제외한 자음으로 끝나는 단어: 맨 끝 음절에 강세가 있습니다.

    Ma-**drid**   re-**loj**   ho-**tel**   a-**mor**   ma-**tiz**

(2) 모음으로 끝나거나 "-s/-n"로 끝나는 단어: 뒤에서 두 번째 음절에 강세가 있습니다.

    ca-sa   **hom**-bre   cho-**ri**-zo   **lu**-nes   **mar**-tes
    jue-ves   **vier**-nes   **jo**-ven   e-**xa**-men   i-**ma**-gen

(3) 모음이 연이어 오는 단어: 강모음(a, e, o)과 약모음(i, u)이 섞여 있으면 약모음은 강모음에 붙어서 소리 나며 하나의 음절을 이룹니다.

모음 형태		강세	예
	강모음 + 강모음	2음절로 분리되어 발음됩니다.	Co-re-a te-a-tro
이중 모음	강모음 + 약모음 약모음 + 강모음 약모음 + 약모음	이중 모음은 1음절로 발음됩니다. 이중 모음에 강세가 떨어질 때는 강모음이 강세를 가져갑니다.	ai-re gra-cias ne-go-cio eu-ro ciu-dad
삼중 모음	약모음 + 강모음 + 약모음	삼중 모음도 1음절로 발음됩니다. 삼중 모음에 강세가 떨어질 때는 강모음이 강세를 가져갑니다.	buey con-ti-nuáis

위의 일반 강세 규칙을 따르지 않을 때 강세 표시(´)를 모음 위에 찍어 줍니다.

    ca-**fé**   **Mé**-xi-co   ti-bu-**rón**   co-ra-**zón**   te-**lé**-fo-no
    ja-**món**   **miér**-co-les   au-to-**bús**   **fá**-cil

LECCIÓN 1

¡Hola! ¿Qué tal?

TEMAS
- Los saludos y las despedidas
- Los nombres y los apellidos
- El número de teléfono y el correo electrónico
- Las profesiones y los lugares de trabajo

FUNCIONES
- Saludar y despedirse
- Pedir y dar datos personales
- Identificar personas
- Hablar de profesiones

GRAMÁTICA
- Los sustantivos (género y número)
- Los pronombres de sujeto y el verbo 'ser'
- El verbo 'llamarse'

TEMAS Y ACTIVIDADES

1 Los saludos y las despedidas

PISTA 002

- A ¡Hola, buenos días, Antonio! ¿Qué tal estás?
- B Bien, gracias. Y tú, María, ¿cómo estás?
- A Genial. Bueno, ¡hasta luego!
- B ¡Adiós!

PISTA 003

- A Buenos días, Sr. Martínez. ¿Cómo está usted?
- B Estoy muy bien, ¿y usted?
- A Muy bien, gracias. Bueno, ¡chao, buen día!
- B ¡Hasta pronto!

22 Curso de español 1 - Inicial

Actividad 1

Escuche y complete el diálogo.

PISTA 004

1 ¡_____, Javier! ¿Qué _____?
Bien. ¿Y _____?
Genial, muy bien.

2 Buenos _____, Señor Kim. ¿_____ está Ud.?
Muy _____, gracias.

3 ¡Hola, Elena! ¿Cómo _____?
Así, así. Estoy _____.

4 ¡Hasta _____, Susana!
¡Chao! ¡_____!

Actividad 2

Asocie las siguientes oraciones.

1 Buenas tardes, Sra. Hernández.
2 ¿Cómo está usted?
3 Buenas noches.
4 ¡Hola, María!
5 ¡Chao!

ⓐ Muy mal.
ⓑ ¡Hola, Juan! ¿Qué tal?
ⓒ ¡Adiós, hasta la vista!
ⓓ Buenas tardes, Sr. Ortega.
ⓔ Buenas noches. ¡Hasta mañana!

LECCIÓN 1

TEMA 2 — Los nombres y los apellidos

PISTA 005

- A ¿Cómo te llamas?
- B Me llamo Susana. ¿Cuál es tu nombre?
- A Soy Daniel.
- B Encantada, Daniel.
- A Igualmente. Susana, ¿cuál es tu apellido?
- B Mi apellido es Kim.
- A ¿Cómo se escribe?
- B Se escribe K-I-M.
- A Muchas gracias.
- B De nada.

Actividad 3

Su amiga Mónica organiza una fiesta. Escuche y marque los nombres de las personas invitadas.

PISTA 006

Hombre	Alejandro	Benjamín	Ernesto	Ignacio	Juan	Marcos	Pablo	Roberto
	Alfonso	Carlos	Esteban	Jaime	Julio	Mario	Pedro	Santiago
	Alfredo	Daniel	Felipe	Javier	Lucas	Miguel	Rafael	Sebastián
	Andrés	David	Fernando	Joaquín	Luis	Nicolás	Raúl	Tomás
	Antonio	Enrique	Francisco	José	Manuel	Óscar	Ricardo	Víctor
Mujer	Adela	Ángela	Cristina	Esperanza	Juana	Marta	Rebeca	Susana
	Alba	Beatriz	Daniela	Estela	Julia	Mercedes	Rocío	Valentina
	Alma	Belén	Elena	Eva	Laura	Paloma	Silvia	Vanesa
	Alicia	Carmen	Elisa	Gloria	Luisa	Penélope	Sofía	Violeta
	Ana	Clara	Elvira	Isabel	María	Pilar	Sonia	Yolanda

Actividad 4

Pregunte cómo se llama su compañero/a como en el modelo.

Modelo

A ¡Hola! ¿Cómo te llamas?
B Me llamo Ignacio Fuentes.
A ¿Cómo se escribe tu nombre?
B Se escribe I-G-N-A-C-I-O.
A ¿Está bien así?
B Sí.

Actividad 5

Escuche los siguientes dos diálogos y complete la siguiente tabla.

PISTA 007

	Nombre	Apellido
1		
2		

LECCIÓN 1

Actividad 6

Pregunte a sus compañeros por los nombres de cada uno.

Modelo
A ¿Cómo se llama tu madre?
B Se llama Sukhee Kim.

1. tu madre
2. tu padre
3. tu hermano/a
4. tu cantante favorito/a
5. tu mejor amigo/a
6. tu actor favorito / tu actriz favorita
7. tu escritor/a favorito/a
8. tu mascota

Actividad 7

Preséntales a sus compañeros un/a nuevo/a amigo/a como en el modelo.

	Modelo
Alicia	Mira, Mercedes. Este es Julio.
	Julio, esta es Mercedes.
Mercedes	¡Encantada!
Julio	¡Mucho gusto!

3 El número de teléfono y el correo electrónico

PISTA 008

A ¿Cuál es tu número de teléfono?
B Es el 010-1324-5678 (cero uno cero, uno tres dos cuatro, cinco seis siete ocho).
A ¿Cuál es tu correo electrónico?
B Es abc98@hotmail.com (a be ce nueve ocho arroba hotmail punto com).

● Números

0 cero	1 uno	2 dos	3 tres	4 cuatro	5 cinco
	6 seis	7 siete	8 ocho	9 nueve	10 diez

Actividad 8

Hable con sus compañeros y complete la lista.

1 ¿Cómo te llamas? ¿Cuál es tu nombre? ¿Cuál es tu apellido?
2 ¿Cuál es tu número de teléfono móvil/celular?
3 ¿Cuál es tu correo electrónico?

● Mis nuevos amigos

	nombre	apellido	número de móvil/celular	correo electrónico
1				
2				
3				
4				

LECCIÓN 1

 Las profesiones y los lugares de trabajo

PISTA 009

A Javier, ¿a qué te dedicas?
B Soy científico. Penélope, ¿y tú?
A Yo soy enfermera.

Actividad 9

Hable de las profesiones y los lugares de trabajo de las siguientes personas siguiendo el modelo de abajo.

José

policía

Modelo

A ¿A qué se dedica José?
B Es policía.
A ¿Dónde trabaja?
B Trabaja en una comisaría.

Vocabulario útil
una biblioteca
una cafetería
una empresa
una escuela
una farmacia
un hospital
una peluquería
un restaurante
una tienda

Actividad 10

Hable con un/a compañero/a sobre el nombre, los apellidos, la profesión y el número de teléfono que aparecen como en el modelo.

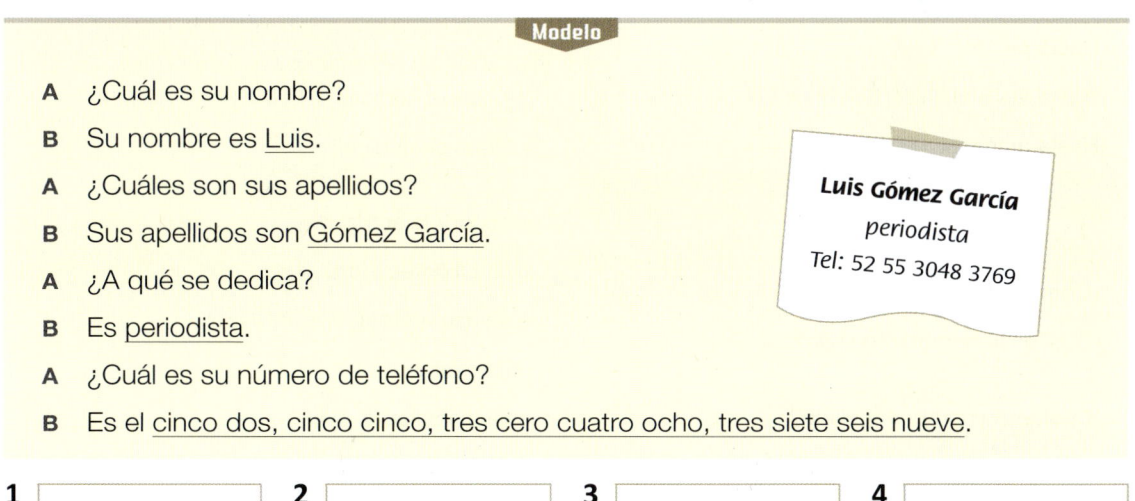

LECCIÓN 1 29

VOCABULARIO Y EXPRESIONES

los saludos | 만났을 때 인사

¡Hola! 안녕!

Buenos días. 좋은 아침이에요.

Buenas tardes. 좋은 오후예요.

Buenas noches. 좋은 밤입니다. / 안녕히 주무세요.

Mucho gusto. 만나서 반가워요.

Encantado/a. 만나서 반가워요.

¿Qué tal? 어때요?

¿Cómo estás (tú)? 너 어떻게 지내?

¿Cómo está usted/Ud.? 당신은 어떻게 지내세요?

Genial. / (Muy) bien. 최고입니다. / (아주) 잘 지냅니다.

Regular. / Así, así. 그럭저럭 지냅니다.

(Muy) mal. (매우) 나쁘게 지냅니다.

las despedidas | 헤어질 때 인사

¡Chao! 잘 가.

¡Adiós! 잘 가.

¡Hasta luego! 다음에 봐.

¡Hasta pronto! 곧 보자.

¡Hasta la vista! 다음에 볼 때까지 잘 지내.

¡Hasta mañana! 내일 보자.

los nombres y los apellidos | 이름과 성

¿Cómo te llamas (tú)? 너는 이름이 무엇이니?

¿Cómo se llama usted? 당신은 이름이 어떻게 되세요?

¿Cuál es tu nombre/apellido?
너의 이름/성은 무엇이니?

¿Cuál es su nombre/apellido?
당신의 이름/성은 무엇입니까?

¿Tu nombre/apellido, por favor?
네 이름/성 좀 말해 줘.

¿Su nombre/apellido, por favor?
당신의 이름/성 좀 말씀해 주세요.

Me llamo Susana. 제 이름은 수사나예요.

Mi nombre es Paloma. 제 이름은 팔로마예요.

Soy Daniel. 저는 다니엘이에요.

Mi apellido es Fernández. 제 성은 페르난데스예요.

¿Cómo se escribe ...? ~은/는 어떻게 쓰지요?

por favor 제발

¿Cómo? 뭐라고요?

¡Otra vez, por favor! 다시 한 번 부탁합니다.

¡Más despacio, por favor! 좀 더 천천히 부탁합니다.

¿Está bien así? 이렇게 쓰는 거 맞나요?

Sí. / No. 예. / 아니요.

(Muchas) gracias. (대단히) 감사합니다.

De nada. 천만에요.

los verbos | 동사

ser ~이다

Este es ... 이 분(남자)은 ~입니다.

Esta es ... 이 분(여자)은 ~입니다.

las profesiones | 직업

¿A qué te dedicas? 너는 무슨 일에 종사하니?

¿A qué se dedica?
당신은/그(녀)는 무슨 일에 종사합니까?

el actor / la actriz 배우

el/la bibliotecario/a 사서

el/la camarero/a 웨이터/웨이트리스

el/la cantante 가수

el/la científico/a 과학자

el/la cocinero/a 요리사

el/la dependiente/a 점원

el/la diseñador/a 디자이너

el/la diseñador/a industrial 산업 디자이너

el/la empresario/a 기업인	el/la hermano/a 형제/자매
el/la enfermero/a 간호사	el hombre 남자
el/la escritor/a 작가	la lista 목록
el/la especialista 전문가	la madre 엄마
el/la farmacéutico/a 약사	la mascota 애완동물
el/la gerente 매니저	el modelo 예시
el/la médico/a 의사	la mujer 여자
el/la peluquero/a 미용사	el nombre 이름
el/la periodista 기자	el número 숫자
el/la policía 경찰관	el número de móvil/celular 핸드폰 번호
el/la profesor/a 선생님	el número de teléfono 전화번호
el/la psicólogo/a 심리 상담원	el padre 아빠
el/la veterinario/a 수의사	la persona 사람

los lugares de trabajo | 직장

¿Dónde trabaja? 어디에서 일하십니까?	el punto 점(.)
la biblioteca 도서관	el señor (Sr.) 신사
la cafetería 커피숍	la señora (Sra.) 숙녀
la comisaría 경찰서	la tabla 표
la empresa 회사	favorito/a 좋아하는
la escuela 학교	invitado/a 초대받은
la farmacia 약국	¡Mira! 봐 봐.
el hospital 병원	nuevo/a 새로운
la peluquería 미용실	
el restaurante 식당	
la tienda 가게	

más vocabulario | 기타

el (mejor) amigo (가장 친한) 남자 친구

la (mejor) amiga (가장 친한) 여자 친구

el apellido 성

la arroba 골뱅이(@)

el/la compañero/a de clase 급우

el correo electrónico 이메일

la fiesta 파티

LECCIÓN 1

GRAMÁTICA Y EJERCICIOS

1 명사의 성·수 (los sustantivos: género y número)

1. 명사의 성 (género)

스페인어에서 모든 명사는 남성(masculino) 또는 여성(femenino)으로 문법적 성이 있습니다. 문법적 성에 맞춰 명사 앞에 있는 관사의 형태를 맞게 써야 합니다.

(1) 주로 –o로 끝나면 남성 명사이고 –a로 끝나면 여성 명사입니다.

남성 (m.)	amig**o** 남자 친구	libr**o** 책	edifici**o** 건물
여성 (f.)	amig**a** 여자 친구	cas**a** 집	ros**a** 장미꽃

(2) –o 혹은 –a 이외의 모음이나 자음으로 끝난 단어들은 각 단어마다 성을 외워야 합니다.

남성 (m.)	el coche 자동차	el hombre 남자	el pan 빵	el lápiz 연필
여성 (f.)	la leche 우유	la mujer 여자	la gente 사람들	la paz 평화

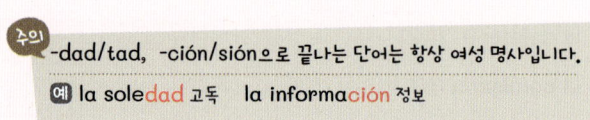

-dad/tad, -ción/sión으로 끝나는 단어는 항상 여성 명사입니다.
예) la sole**dad** 고독 la informa**ción** 정보

(3) 생물학적 성이 남성, 여성으로 구분되는 경우 자음으로 끝난 남성형에 –a를 붙여 여성형을 만들 수 있습니다.

pintor - pintor**a** profesor - profesor**a** león - leon**a**
(남) 화가 – (여) 화가 (남) 선생님 – (여) 선생님 수사자 – 암사자

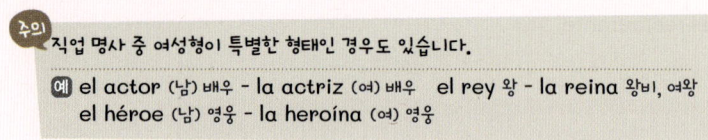

직업 명사 중 여성형이 특별한 형태인 경우도 있습니다.
예) el actor (남) 배우 - la actriz (여) 배우 el rey 왕 - la reina 왕비, 여왕
el héroe (남) 영웅 - la heroína (여) 영웅

(4) 남성, 여성의 형태가 같아서 관사로 성을 구분하는 명사들이 있습니다. 주로 –ista나 –nte로 끝나는 명사들입니다.

el pian**ista** - la pian**ista** el tax**ista** - la tax**ista**
(남) 피아니스트 – (여) 피아니스트 (남) 택시 운전사 – (여) 택시 운전사

el estudia**nte** - la estudia**nte** el canta**nte** - la canta**nte**
(남) 학생 – (여) 학생 (남) 가수 – (여) 가수

(5) 예외적으로 –o로 끝났는데 여성 명사인 경우와 –a로 끝났는데 남성 명사인 경우가 있습니다.

남성 (m.)	el día 날	el mapa 지도	el problema 문제	el idioma 언어
여성 (f.)	la mano 손	la moto 오토바이	la foto 사진	la radio 라디오

2. 명사의 수 (número)

(1) 모음으로 끝난 명사에 –s를 붙여 복수형을 만듭니다.

mesa - mesa**s**
탁자 – 탁자들

estudiante - estudiante**s**
학생 – 학생들

día - día**s**
날 – 날들

museo - museo**s**
박물관 – 박물관들

(2) 자음으로 끝난 명사에는 –es를 붙여 복수형을 만듭니다.

hotel - hotel**es**
호텔 – 호텔들

profesor - profesor**es**
선생님 – 선생님들

ciudad - ciudad**es**
도시 – 도시들

reloj - reloj**es**
시계 – 시계들

mes - mes**es**
월 – 월들

> **주의** -z로 끝난 단어는 복수형으로 만들 때 -es를 붙이되 발음상의 이유로 -ces로 바뀝니다.
> 예) lápi**z** 연필 - lápi**ces** 연필들
> actri**z** 여배우 - actri**ces** 여배우들

(3) 형태 변화가 없는 복수형이 있습니다. –s로 끝나는 2음절 이상의 단어 중 마지막 음절에 악센트가 없는 단어는 단수형과 복수형의 형태가 동일하므로 관사를 통해 알 수 있습니다.

el miércoles - **los** miércoles
수요일 – 수요일마다

el paraguas - **los** paraguas
우산 – 우산들

(4) 단·복수에 따라 강세 표시가 바뀌는 명사가 있습니다. 즉, 단수형일 때 강세 표시가 없다가 복수형이 될 때 생긴다거나 단수형일 때 강세 표시가 있는 단어가 복수형이 될 때 강세 표시가 없어집니다.

el examen - los exámen**es**
시험 – 시험들

el joven - los jóven**es**
청년 – 청년들

el limón - los limon**es**
레몬 – 레몬들

el autobús - los autobus**es**
버스 – 버스들

Ejercicio 1

주어진 직업 명사의 여성형을 쓰세요.

1 alumno _____
2 profesor _____
3 arquitecto _____
4 abogado _____
5 cantante _____
6 actor _____
7 enfermero _____
8 ingeniero _____
9 bibliotecario _____
10 científico _____

Ejercicio 2

그림을 보고 알맞은 명사를 골라 복수형을 쓰세요.

gato   perro   lápiz   reloj   hombre   mujer

1
dos _____

2
cinco _____

3
tres _____

4
seis _____

5
cuatro _____

6
siete _____

2 주격 인칭 대명사와 ser 동사 (los pronombres de sujeto y el verbo 'ser')

1. 주격 인칭 대명사

주어 자리에 화자, 청자 혹은 제3자의 이름을 대신하여 쓰는 대명사입니다.

	단수	복수
1인칭	yo 나	nosotros/as 우리들
2인칭	tú 너	vosotros/as 너희들
3인칭	él 그, 그것 ella 그녀, 그것 usted =Ud. =Vd. 당신	ellos 그들, 그것들 ellas 그녀들, 그것들 ustedes =Uds. =Vds. 당신들

(1) 청자를 가리킬 때 2인칭 tú 또는 3인칭 usted를 쓸 수 있는데, tú는 친구나 가족처럼 가까운 사이에 사용하는 반면, usted은 공식적인 관계의 사람이나 잘 모르는 사람과 같이 심리적 거리감이 있을 때 사용합니다.

(2) usted는 약자로 Ud.나 Vd.로 쓰고, ustedes는 Uds.나 Vds.를 씁니다.

(3) 스페인어는 각 인칭별 동사 변화형이 다르기 때문에 주어가 생략 가능합니다.

> **심화 학습**
> * 아르헨티나, 파라과이, 우루과이 등의 남미 일부 국가들에서는 2인칭 단수의 형태를 tú가 아닌 vos를 사용합니다.
> * vosotros/as와 ustedes: tú로 부를 만한 친구가 두 명 이상일 때 스페인에서는 vosotros/as를 쓰지만, 중남미에서는 vosotros/as 형태를 아예 쓰지 않고, 이 경우 ustedes를 씁니다. 즉, 스페인에서는 친한 친구 여럿일 경우 vosotros/as, 거리감이 있는 관계의 사람 여러 명을 가리킬 경우 ustedes로 구분하여 쓰지만, 중남미에서는 두 경우 모두 ustedes를 씁니다.

2. ser 동사

'~이다'의 뜻으로 주어의 이름, 직업, 국적 등을 말할 때 쓰며 뒤에 명사나 형용사가 옵니다.

	ser
yo	soy
tú	eres
él/ella/usted	es
nosotros/as	somos
vosotros/as	sois
ellos/ellas/ustedes	son

Yo **soy** Joaquín. **Soy** mexicano. **Soy** ingeniero.
저는 호아킨입니다. 멕시코 사람입니다. 엔지니어입니다.

Ella **es** Ángela. **Es** estadounidense. **Es** periodista.
그녀는 앙헬라입니다. 미국 사람입니다. 기자입니다.

LECCIÓN 1

Ejercicio 3

빈칸에 알맞은 주격 인칭 대명사를 넣어 문장을 완성하세요.

1   Mario es estudiante y Silvia es policía. _____ son novios.
2   Mi vecino es de Perú. _____ es cantante.
3   Víctor y tú sois estudiantes. _____ sois alumnos del profesor Kim, ¿verdad?
4   Tú y yo no somos españoles. _____ somos estudiantes de español.
5   Mi novia es muy guapa. _____ es actriz.

Ejercicio 4

다음 문장을 읽고 화자의 성별이 무엇인지 él 또는 ella에 표시하세요.

		él	ella			él	ella
1	Soy profesora.	☐	☐	5	Soy pintora.	☐	☐
2	Encantada.	☐	☐	6	Encantado.	☐	☐
3	Soy coreano.	☐	☐	7	Soy arquitecto.	☐	☐
4	Me llamo Marta.	☐	☐	8	Me llamo Felipe.	☐	☐

Ejercicio 5

빈칸에 ser 동사의 알맞은 형태를 넣어 문장을 완성하세요.

1   A   ¿Quién _____ tú?
    B   Yo _____ Pablo.

2   A   Yo _____ Marta. ¿Y tú?
    B   _____ Antonio. Mucho gusto.

3   A   ¿_____ piloto Felipe?
    B   No, _____ dentista.

4   A   ¿Vosotros _____ profesores de inglés?
    B   No, nosotros _____ profesores de español.

5   A   ¿Uds. _____ estudiantes de español?
    B   Sí, _____ estudiantes de español.

3 llamarse 동사 (el verbo 'llamarse')

(1) '자신을 ~(이)라고 부르다'라는 의미로 '이름이 ~입니다'라고 말할 때 씁니다.

yo	me llam**o**
tú	te llam**as**
él/ella/usted	se llam**a**

A ¿Cómo **te llamas**? 네 이름은 무엇이니?
B **Me llamo** Cristina. / Soy Cristina. 나는 크리스티나야.

(2) 이름과 성을 물어볼 때 ¿Cuál/Cuáles ...?을 쓸 수 있습니다.

A **¿Cuál es** tu nombre? 너의 이름은 무엇이니?
B Mi nombre es Luis. 내 이름은 루이스야.

A **¿Cuáles son** tus apellidos? 너의 성은?
B Mis apellidos son Gómez García. 내 성은 고메스 가르시아야.

> 주의: 일반적으로 스페인어권에서 성은 이름 뒤에 '아버지의 성 + 어머니의 성' 두 개를 표시하므로 복수로 물어봅니다.

심화 학습

상대방의 이름의 철자를 정확히 알기 위해서는 escribirse(철자가 ~이다)를 쓰기도 합니다.

A ¿Cómo **se escribe** tu nombre? 네 이름은 어떻게 쓰니?
B Se escribe V-A-L-E-N-T-I-N-A. Valentina. V-A-L-E-N-T-I-N-A라고 써. 발렌티나야.

Ejercicio 6

다음 질문에 알맞은 대답을 찾아 연결하세요.

1. ¿Cuál es tu nombre?
2. ¿Cuáles son tus apellidos?
3. ¿Es usted secretaria?
4. ¿Eres azafata?
5. ¿Quién es peluquera?
6. ¿Son ellas estudiantes?

ⓐ No, no soy azafata.
ⓑ No, son camareras.
ⓒ Sí, soy secretaria.
ⓓ Mi nombre es Amelia.
ⓔ Mis apellidos son Martínez Fernández.
ⓕ Carmen es peluquera.

LECCIÓN 1

Ejercicio 7

llamarse 동사를 인칭에 맞게 활용하여 넣어 대화를 완성하세요.

1. A ¿Cómo _____ _____ tú?
   B Yo _____ _____ Marta.

2. A ¿Cómo _____ _____ ella?
   B _____ _____ Emilia Ruiz.

3. A ¿Cómo _____ _____ usted?
   B _____ _____ Juan Muñoz.

4. A ¿Cómo _____ _____ él?
   B Él _____ _____ Pablo.

Ejercicio 8

빈칸에 llamarse 동사를 인칭에 맞게 활용하여 문장을 완성하세요.

1. Soy profesor de español. _____ _____ Joaquín.
2. Tú eres un amigo de Pablo, ¿verdad? ¿Cómo _____ _____ ?
3. Mi mascota _____ _____ Apolo. Es un gato.
4. Mi mejor amiga trabaja en la biblioteca. _____ _____ Gloria.

Ejercicio 9

다음 글의 빈칸에 알맞은 단어를 넣어 완성해 보세요.

| es | gusto | llama | llamo | son | soy |

Hola. Mucho 1 _____ . Me 2 _____ Andrea. Mis apellidos 3 _____ Siles Ortega. Yo 4 _____ estudiante. Mi profesor de español se 5 _____ Daniel. 6 _____ argentino. Trabaja en la universidad.

LECCIÓN 2

¿Cómo eres?

TEMAS
- El aspecto físico y el carácter
- Los colores
- Los países, las nacionalidades y los idiomas

FUNCIONES
- Describir personas
- Describir objetos por medio de colores
- Preguntar y proporcionar datos personales (nacionalidad, edad, relación familiar, etc.)

GRAMÁTICA
- Los artículos
- Los adjetivos
- Los números (0~100)
- El verbo 'tener'

TEMAS Y ACTIVIDADES

TEMA 1 · El aspecto físico y el carácter

PISTA 010

A ¿Cómo es tu amigo Carlos?
B Él es muy alto, delgado y de pelo negro.
A ¿Cómo es su carácter?
B Es amable y divertido. Pero es un poco perezoso.

● El aspecto físico

alto
guapo
moreno
mayor
de pelo corto

bajo
joven
rubio
gordo
de pelo rizado

de estatura mediana
delgada
bonita
de pelo largo
de pelo liso

Actividad 1

Describa con su compañero/a a las siguientes personas.

1
2
3

Actividad 2

Hable con su compañero/a de su carácter como aparece en el modelo.

Modelo

A ¿Cómo eres?

B Yo soy simpático y trabajador, pero no soy muy inteligente.

Vocabulario útil				
agresivo	cómico	inteligente	serio	talentoso
amable	conservador	optimista	simpático	tímido
atlético	divertido	perezoso	sincero	tonto
callado	egoísta	pesimista	tacaño	trabajador

Actividad 3

Hable con su compañero/a sobre cómo son las siguientes personas como en el modelo.

Modelo

A ¿Cómo se llama tu mejor amigo?

B Se llama Juan Castillo.

A ¿Cómo es?

B Es alto, entusiasta y sincero.

1 tu padre
2 tu madre
3 tu novio/a
4 tu compañero/a de clase
5 tu hermano/a
6 tu profesor/a de español

LECCIÓN 2

TEMA 2 — Los colores

PISTA 011

A ¿Cómo es tu coche?
B Es grande y muy cómodo.
A ¿De qué color es?
B Es blanco.

• **Colores**

Actividad 4

Pregunte y responda sobre los colores de las siguientes cosas con un/a compañero/a como en el modelo.

Modelo

A ¿De qué color es la nieve?

B Es blanca.

1 la pizarra
2 las estrellas
3 los ojos
4 la manzana
5 la luna
6 la noche
7 el cielo
8 el sol

Actividad 5

Escriba los colores del arcoíris.

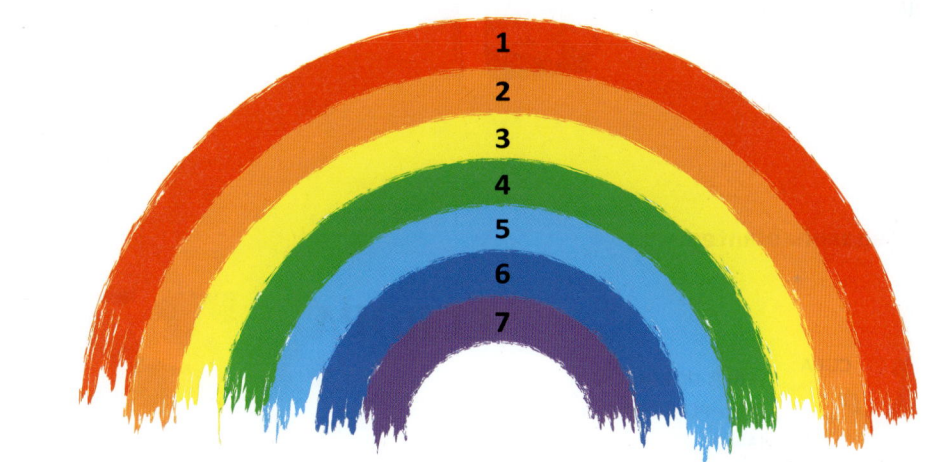

1 _____
2 _____
3 _____
4 _____
5 _____
6 _____
7 _____

LECCIÓN 2   43

 Los países, las nacionalidades y los idiomas

PISTA 012

A Hablas español muy bien. ¿De dónde eres?
B Soy de Corea.
A ¿También hablas otros idiomas?
B Bueno, pues, hablo un poco de inglés.

● **Los países hispanohablantes**

Actividad 6

Rellene cada espacio en blanco de la tabla con la forma femenina correspondiente.

Alemania	alemán	Colombia	colombiano
Argentina	argentino	Corea	coreano
Brasil	brasileño	Cuba	cubano
Canadá	canadiense	España	español
Chile	chileno	China	chino
Estados Unidos	estadounidense	Francia	francés
Reino Unido / Inglaterra	británico/inglés	Italia	italiano
Japón	japonés	Rusia	ruso
Panamá	panameño	Perú	peruano

Actividad 7

Hable con un/a compañero/a sobre la nacionalidad de las siguientes personas como en el modelo.

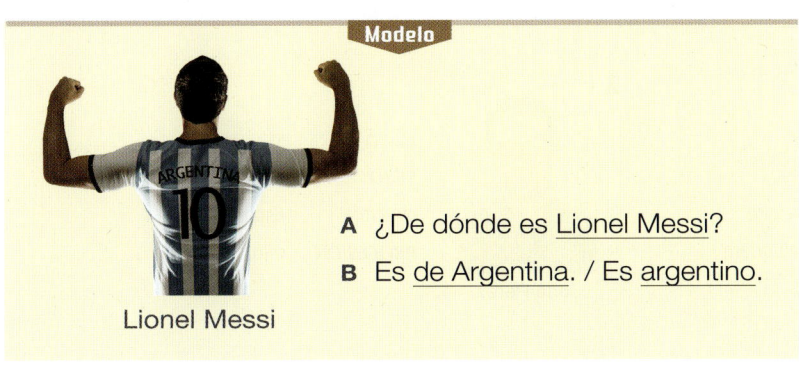

Modelo

A ¿De dónde es Lionel Messi?
B Es de Argentina. / Es argentino.

Lionel Messi

1 Donald Trump
2 Andrea Bocelli
3 Kim Yuna
4 Angela Merkel
5 Rafael Nadal
6 Gisele Bundchen
7 Mario Vargas Llosa
8 Shakira

LECCIÓN 2 45

Actividad 8

Escuche y complete el diálogo con los verbos apropiados.

PISTA 013

Carlos   Buenos días, **1** _____ Carlos.

Marisol   Hola, Carlos. ¿**2** _____ nuevo en esta clase?

Carlos   Sí, **3** _____ nuevo.

Marisol   ¿De dónde eres?

Carlos   Soy brasileño, de San Pablo.

Marisol   Hablas muy bien el español. ¿Cuántos idiomas **4** _____?

Carlos   **5** _____ tres idiomas: portugués, español e inglés.

Actividad 9

Pregunte y proporcione los datos personales de las siguientes personas siguiendo el modelo.

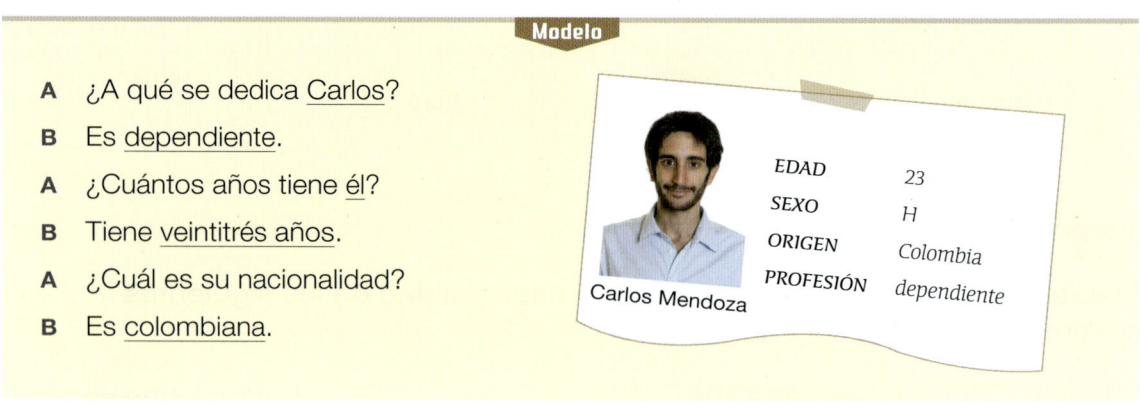

Modelo

A   ¿A qué se dedica <u>Carlos</u>?
B   Es <u>dependiente</u>.
A   ¿Cuántos años tiene <u>él</u>?
B   Tiene <u>veintitrés años</u>.
A   ¿Cuál es su nacionalidad?
B   Es <u>colombiana</u>.

Carlos Mendoza
EDAD   23
SEXO   H
ORIGEN   Colombia
PROFESIÓN   dependiente

1
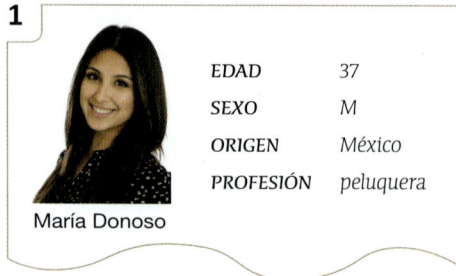
EDAD   37
SEXO   M
ORIGEN   México
PROFESIÓN   peluquera
María Donoso

2

EDAD   55
SEXO   H
ORIGEN   España
PROFESIÓN   piloto
José Pérez

3

EDAD 19
SEXO H
ORIGEN Colombia
PROFESIÓN camarero

Pablo Fuentes

4

EDAD 41
SEXO M
ORIGEN Perú
PROFESIÓN farmacéutica

Sofía Rodríguez

Actividad 10

Escriba qué idiomas hablan los europeos.

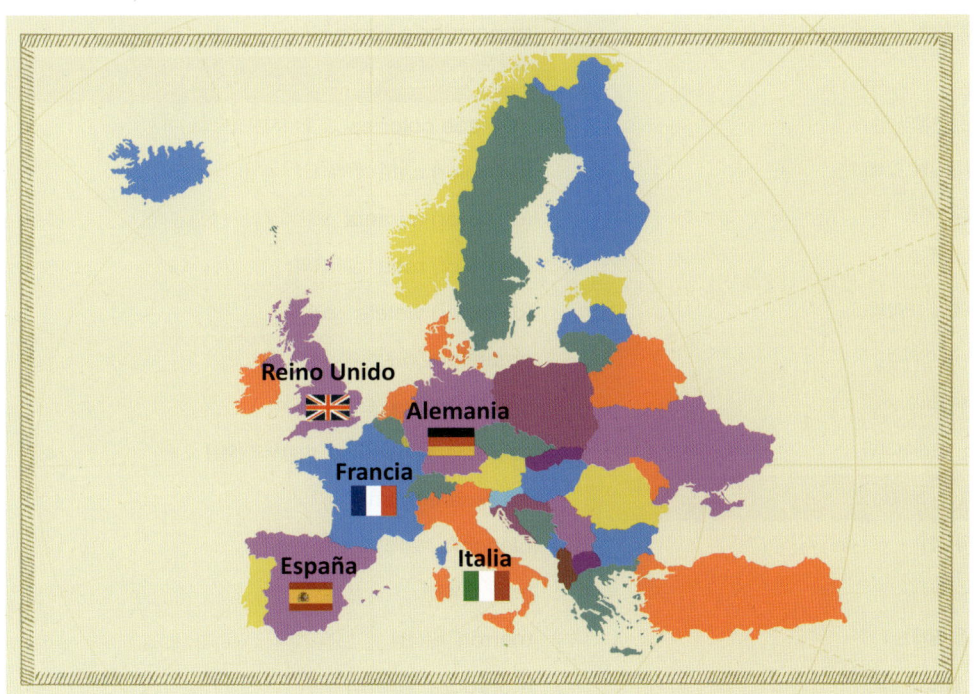

1 Los españoles hablan <u>español</u>.

2 Los británicos hablan _____.

3 Los franceses hablan _____.

4 Los alemanes hablan _____.

5 Los italianos hablan _____.

VOCABULARIO Y EXPRESIONES

el aspecto físico | 신체적 특징

alto/a (키가) 큰, 높은
bajo/a (키가) 작은, 낮은
bonito/a 예쁜
de estatura mediana 중간 키의
delgado/a 날씬한, 마른
gordo/a 뚱뚱한
grande 커다란
guapo/a 잘생긴, 예쁜
joven 젊은
mayor 나이가 든, 연상의
moreno/a 까무잡잡한, 갈색의
pequeño/a 작은
rubio/a 금발의
de pelo corto 짧은 머리의
de pelo largo 긴 머리의
de pelo liso 생머리의
de pelo rizado 곱슬머리의

el carácter | 성격

agresivo/a 공격적인
amable 친절한
atlético/a 운동을 잘하는
callado/a 말이 없는
cómico/a 웃긴
conservador/a 보수적인
divertido/a 재미있는
egoísta 이기주의자의
entusiasta 열정적인
inteligente 똑똑한
optimista 낙천적인
perezoso/a 게으른
pesimista 비관적인
serio/a 진지한
simpático/a 상냥한
sincero/a 솔직한, 성실한
tacaño/a 인색한
talentoso/a 재능이 많은
tímido/a 소심한
tonto/a 멍청한
trabajador/a 열심히 일하는

los colores | 색깔

¿De qué color es ... ? 무슨 색깔입니까?
(de color) café 커피색의
(de color) naranja 오렌지색의
(de color) rosa 장미색의
(de color) violeta 보라색의
amarillo/a 노란색의
anaranjado/a 오렌지색의
azul (claro, oscuro) 파란색의 (옅은, 진한)
azul marino, añil 남색의
blanco/a 흰색의
gris 회색의
marrón 갈색의
morado/a 보라색의
negro/a 검은색의
rojo/a 붉은색의
rosado/a 장밋빛의
verde 초록색의

países y regiones del mundo | 국가

¿De dónde es ... ? 어느 나라 출신입니까?
América Latina 중남미
Alemania 독일

Argentina 아르헨티나	italiano/a 이탈리아의
Brasil 브라질	japonés/japonesa 일본의
Canadá 캐나다	mexicano/a 멕시코의
Chile 칠레	panameño/a 파나마의
China 중국	peruano/a 페루의
Colombia 콜롬비아	ruso/a 러시아의

los idiomas | 언어

- el alemán 독일어
- el chino 중국어
- el coreano 한국어
- el español 스페인어
- el francés 프랑스어
- el inglés 영어
- el japonés 일본어
- el portugués 포르투갈어
- el ruso 러시아어

Corea (del Sur, del Norte) 한국 (남한의, 북한의)
- Cuba 쿠바
- España 스페인
- Estados Unidos 미국
- Europa 유럽
- Francia 프랑스
- Italia 이탈리아
- Japón 일본
- México 멕시코
- Panamá 파나마
- Perú 페루
- Reino Unido, Inglaterra 영국
- Rusia 러시아

los verbos | 동사

- ser ~이다 (ej) ¿Cómo eres?, ¿De dónde eres?
- hablar 말하다 (ej) ¿Hablas inglés?
- tener 가지고 있다 (ej) ¿Cuántos años tienes?

nacionalidades y otros gentilicios | 국적

- (nor)coreano/a 북한의
- (sur)coreano/a 남한의
- alemán/alemana 독일의
- argentino/a 아르헨티나의
- brasileño/a 브라질의
- británico/a, inglés/inglesa 영국의
- canadiense 캐나다의
- chileno/a 칠레의
- chino/a 중국의
- colombiano/a 콜롬비아의
- cubano/a 쿠바의
- español/a 스페인의
- estadounidense 미국의
- europeo/a 유럽의
- francés/francesa 프랑스의

más vocabulario | 기타

- el año 해, 년
- el arcoíris 무지개
- el cielo 하늘
- la edad 나이
- la estrella 별
- la luna 달
- la manzana 사과
- el ojo 눈
- el origen 출신
- el sexo 성별
- el sol 해
- cómodo/a 편안한
- San Pablo (브라질의) 상파울루

LECCIÓN 2

GRAMÁTICA Y EJERCICIOS

1 관사 (los artículos)

1. 부정관사 (los artículos indefinidos)

un	libro		unos	libros
una	mesa	복수형 →	unas	mesas

(1) 부정관사는 명사 앞에 위치하며, 명사의 성과 수에 반드시 일치해야 합니다. 가장 기본적인 용법은 수량을 나타내는 것입니다.

	단수	복수
남성 (m.)	un chico 소년 un problema 문제 un coche 자동차	unos chicos 몇몇 소년들 unos problemas 몇몇 문제들 unos coches 몇몇의 자동차
여성 (f.)	una chica 소녀 una lección 단원, 과 una casa 집	unas chicas 몇몇 소녀들 unas lecciones 몇몇 과 unas casas 몇몇의 집

(2) 모음 a-, ha-로 시작하는 여성 명사의 첫 음절에 강세가 있으면 una 대신에 un을 사용합니다.

un arma - **unas** armas
무기 한 개 – 무기 몇 개

un hacha - **unas** hachas
도끼 한 자루 – 도끼 몇 자루

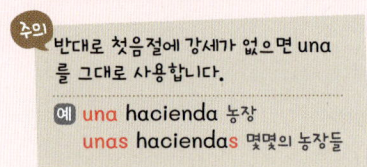
주의 반대로 첫음절에 강세가 없으면 una를 그대로 사용합니다.
예 una hacienda 농장
unas haciendas 몇몇의 농장들

(3) 문장 내에서 처음 언급되는 명사는 주로 부정관사와 함께 씁니다.

Rafael tiene **un** coche. El coche es de Alemania. 라파엘은 차가 한 대 있다. 그 차는 독일제이다.
La Jornada es **un** periódico mexicano. 라 호르나다는 멕시코 신문입니다.

(4) 부정관사 복수형은 '몇몇의'라는 의미가 있습니다.

Unas manzanas, por favor. 사과 몇 개 주십시오.
Fernando tiene **unos** amigos coreanos. 페르난도는 한국인 친구 몇 명이 있다.

2. 정관사 (los artículos definidos)

el	libro	복수형	los	libros
la	mesa		las	mesas

(1) 정관사는 지칭하는 명사가 구체적이거나 확실한 경우에 사용합니다. 즉, 유일한 사람이나 사물 또는 이미 앞에서 언급된 사람이나 사물을 나타내는 명사 앞에 씁니다. 부정관사와 마찬가지로 명사의 성과 수에 반드시 일치시켜 사용합니다.

	단수	복수
남성 (m.)	el gato 고양이 el hombre 남자 el estudiante 학생	los gatos 고양이들 los hombres 남자들 los estudiantes 학생들
여성 (f.)	la avenida 대로 la manzana 사과 la estudiante 학생	las avenidas 대로들 las manzanas 사과들 las estudiantes 학생들

(2) 모음 a–, ha–로 시작하는 여성 명사의 첫 음절에 강세가 있으면 la 대신에 el을 사용합니다.

el arpa - **las** arpas
하프 – 하프들

el águila - **las** águilas
독수리 – 독수리들

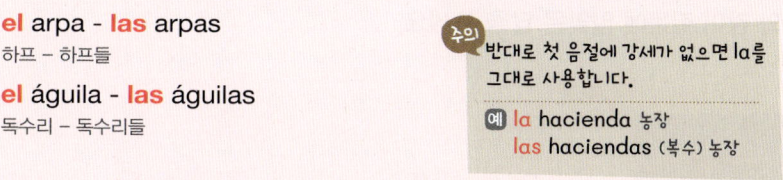

주의: 반대로 첫 음절에 강세가 없으면 la를 그대로 사용합니다.
예) la hacienda 농장
    las haciendas (복수) 농장

(3) 이미 언급된 명사나 명사구를 다시 반복해서 언급할 경우, 정관사를 씁니다.

Rafael tiene un coche. **El** coche es de Alemania.
라파엘은 차가 한 대 있다. 그 차는 독일제이다.

Mi perro se llama 'Chiquito'. **El** perro es muy pequeño.
내 강아지 이름은 치키토이다. 그 강아지는 아주 조그마하다.

(4) 처음 언급하더라도 대화 상황 속에서 화자와 청자가 다 알고 있는 대상을 말할 때는 명사 앞에 정관사를 씁니다.

El profesor Guillermo es español. 기예르모 교수님은 스페인 사람이다.
La casa de Carlos es grande. 카를로스의 집은 크다.
Bogotá es **la** capital de Colombia. 보고타는 콜롬비아 수도이다.

(5) 총체적이거나 일반적인 의미로 사물을 제시하고자 할 때는 정관사가 필요합니다.

Me gusta el café. 나는 커피를 좋아한다.

La verdura es buena para la salud. 채소는 건강에 좋다.

(6) 전치사 a와 de 바로 뒤에 남성 단수 정관사 el이 위치하면 축약해서 사용합니다.

a + el → al   **al** lado de la escuela 학교 옆에

de + el → del   la puerta **del** edificio 건물의 문

Ejercicio 1

사진을 보고 〈보기〉와 같이 질문에 알맞은 답을 쓰세요.

보기

A ¿Es un río?
B No, no es un río. Es un lago.

1

A ¿Es un perro?
B _____. _____.

2

A ¿Es una chica?
B _____. _____.

3

A ¿Es un cuaderno?

B _____. _____.

4

A ¿Es una escuela?

B _____. _____.

5

A ¿Es una radio?

B _____. _____.

Ejercicio 2

주어진 명사 앞에 알맞은 부정관사를 쓰세요.

1 _____ flores   2 _____ escritorios   3 _____ clase
4 _____ alumnos   5 _____ escuela   6 _____ universidad
7 _____ profesor 8 _____ exámenes   9 _____ computadora

Ejercicio 3

주어진 명사 앞에 알맞은 정관사를 쓰세요.

1 _____ canciones 2 _____ amigo   3 _____ mujer
4 _____ árboles   5 _____ coche   6 _____ días
7 _____ mano   8 _____ problema 9 _____ fotos

Ejercicio 4

그림을 보고 빈칸에 알맞은 정관사를 쓰세요.

1  _____ sombrero de Luis es gris.

2  _____ cosméticos de la señora Suárez son coreanos.

3  _____ lengua española es muy importante.

4  _____ tren es largo y rápido.

5  _____ estaciones de Corea son muy grandes.

2 형용사 (los adjetivos)

(1) 스페인어에서 형용사는 수식하는 명사의 성·수에 맞게 형태가 변화합니다.

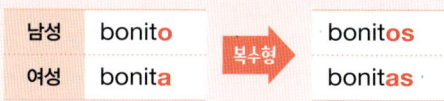

(2) 일반적으로 –o로 끝나는 형용사의 경우 남성 명사를 수식할 때 사용하며, 여성 명사를 수식할 경우 –o가 –a로 변화합니다. 또한, 수식하는 명사가 복수일 경우 형용사가 모음으로 끝나면 –s를 붙입니다.

	단수	복수
남성 (m.)	el abrigo caro 비싼 외투 el gato bonito 예쁜 고양이	los abrigos caros 비싼 외투들 los gatos bonitos 예쁜 고양이들
여성 (f.)	la falda cara 비싼 치마 la casa bonita 예쁜 집	las faldas caras 비싼 치마들 las casas bonitas 예쁜 집들

El hijo de mi amigo es **simpático**. 내 친구의 아들은 친절하다.
La casa de Manuela es **moderna**. 마누엘라의 집은 현대적이다.
Los estudiantes del profesor Guillermo son muy **altos**. 기예르모 교수님의 학생들은 키가 매우 크다.
Las calles de Madrid son muy **anchas**. 마드리드의 거리들은 아주 넓다.

(3) –o 이외의 모음이나 자음으로 끝나는 형용사는 남성형과 여성형이 동일하며 수식하는 명사가 복수일 경우 자음으로 끝난 형용사는 –es를 붙이고 –o 이외의 모음으로 끝난 형용사는 –s를 붙입니다.

	단수	복수
남성 (m.) / 여성 (f.)	azul 푸른 difícil 어려운 joven 젊은 interesante 재미있는 optimista 낙천적인	azules difíciles jóvenes interesantes optimistas

La prueba de conducción es muy **difícil**. 운전면허 시험은 아주 어렵다.
La clase de español es bastante **interesante**. 스페인어 수업은 상당히 재미있다.
Los chicos coreanos son **optimistas**. 한국 아이들은 낙천적이다.

(4) 형용사는 일반적으로 명사의 뒤에 위치하여 명사를 꾸며 줍니다.

　　la chica **bonita** 예쁜 여자애　　　　　　　　el coche **negro** 검은색 차

(5) 몇몇의 형용사는 명사를 꾸며 주는 위치에 따라 그 의미도 달라집니다.

명사 뒤에서 수식	명사 앞에서 수식
un amigo **viejo** 늙은 친구	un **viejo** amigo 오래 사귄 친구
una mujer **pobre** 가난한 여자	una **pobre** mujer 불쌍한 여자
un cantante **grande** 몸집이 큰 가수	un **gran** cantante 위대한 가수

>
> - 모음 -o로 끝나는 남성형 형용사 중 일부는 남성 명사 단수형 앞에 위치할 때 모음 -o가 탈락합니다.
>   예) buen día 좋은 날 (O), bueno día (X)
>   　　mal tiempo 안 좋은 날씨 (O), malo tiempo (X)
>
> - grande는 명사 단수형 앞에서 -de가 탈락합니다.
>   예) un gran escritor 위대한 작가　una gran mujer 위대한 여성　los grandes griegos 위대한 그리스인들

¡Salud! Por los **viejos** amigos.
건배! 오랜 친구들을 위하여!

Julio César es un **gran** hombre, pero mi amigo Julio es un hombre **grande**.
훌리오 세사르는 위대한 사람이지만, 내 친구 훌리오는 덩치가 크다.

La gente **pobre** no tiene muchas oportunidades.
가난한 사람들은 많은 기회가 없다.

Mi **pobre** hermana estudia sin parar.
내 불쌍한 여동생은 쉬지 않고 공부만 한다.

(6) 형용사가 보어의 위치에 올 때에도 주어의 성과 수에 일치하여야 합니다.

Alberto es **divertido** y **optimista**.
알베르토는 재미있고 낙천적이다.

Juana es **tímida** y **callada**.
후아나는 소심하고 말이 없다.

El libro de español no es **fácil**, pero es muy **interesante**.
스페인어 책은 쉽지 않지만 아주 흥미 있다.

Los profesores de Inglés no son **estadounidenses**.
영어 교수님들은 미국인이 아닙니다.

Ejercicio 5

주어진 명사를 수식하는 알맞은 형용사를 고르세요.

1. cena (rico / rica / ricos / ricas)
2. programas (bueno / buena / buenos / buenas)
3. texto (difícil / difíciles)
4. joven (pesimista / pesimistas)
5. manos (pequeño / pequeña / pequeños / pequeñas)

Ejercicio 6

사진을 보고 〈보기〉와 같이 대화를 완성해 보세요.

보기

A La casa es pequeña (casa, pequeño), ¿verdad?
B No, es grande.

1

A _____ (bicicleta, viejo), ¿verdad?
B No, _____.

2

A _____ (mochila, blanco), ¿verdad?
B No, _____.

3

A _____ (lápiz, largo), ¿verdad?
B No, _____.

LECCIÓN 2

4

A _____ (coche, lento), ¿verdad?

B No, _____.

5

A _____ (relojes, barato), ¿verdad?

B No, _____.

6

A _____ (montañas, bajo), ¿verdad?

B No, _____.

7

A _____ (calle, ancho), ¿verdad?

B No, _____.

Ejercicio 7

주어진 문장을 〈보기〉와 같이 국적 형용사를 사용하여 표현해 보세요.

보기

Juan es de España → Juan es español.

1 Salma Hayeck es de México. → _____

2 Barack Obama es de los Estados Unidos. → _____

3 Cristiano Ronaldo es de Portugal. → _____

4 Yao Ming es de China. → _____

5 Sharapova es de Rusia. → _____

6 Asada Mao es de Japón. → _____

3 숫자 (los números) 0~100

0 cero	10 diez	20 veinte	30 treinta
1 uno	11 once	21 veintiuno	31 treinta y uno
2 dos	12 doce	22 veintidós	32 treinta y dos
3 tres	13 trece	23 veintitrés	33 treinta y tres
4 cuatro	14 catorce	24 veinticuatro	34 treinta y cuatro
5 cinco	15 quince	25 veinticinco	35 treinta y cinco
6 seis	16 dieciséis	26 veintiséis	36 treinta y seis
7 siete	17 diecisiete	27 veintisiete	37 treinta y siete
8 ocho	18 dieciocho	28 veintiocho	38 treinta y ocho
9 nueve	19 diecinueve	29 veintinueve	39 treinta y nueve

40 cuarenta	50 cincuenta	60 sesenta	70 setenta
80 ochenta	90 noventa	100 cien	

(1) 숫자 uno가 수량 형용사로 사용되면 명사의 성과 일치해야 합니다. 그러나 남성 명사 앞에서는 어미 –o가 탈락합니다.

남성 명사	un hijo (O), uno hijo (X)
여성 명사	una hija

(2) 위의 규칙은 uno가 들어간 21(veintiuno)과 31(treinta y uno) 등과 같은 숫자에도 그대로 적용되어 남성 명사 앞에서는 어미 –o가 탈락합니다.

남성 명사	veintiún libros treinta y un libros
여성 명사	veintiuna casas treinta y una casas

Un café americano caliente, por favor. 뜨거운 아메리카노 커피 한 잔 주세요.
Mi hijo tiene **veintiún** años. 내 아들의 나이는 21살이다.
Es **un** libro de español con **treinta y una** lecciones. 31과로 구성된 스페인어 책입니다.

4 tener 동사 (el verbo 'tener')

▶ tener 가지다

	단수	복수
1인칭	ten**go**	ten**emos**
2인칭	t**ie**n**es**	ten**éis**
3인칭	t**ie**n**e**	t**ie**n**en**

(1) tener 동사는 '가지다', '(~에게 ~이/가) 있다'라는 의미로 주어의 인칭에 따라 동사 형태가 변화합니다.

    A Señor García, ¿**tiene** una chaqueta?   가르시아 씨, 재킷이 있습니까?
    B Sí, **tengo** una chaqueta gris.   네, 회색 재킷이 있습니다.

(2) 나이를 묻고 답할 때, tener 동사를 사용할 수 있습니다.

    A Niño, ¿cuántos años **tienes**?   얘야, 너 몇 살이니?
    B **Tengo** once años.   열한 살입니다.

Ejercicio 8

〈보기〉와 같이 빈칸에 알맞은 숫자를 넣고 스페인어로 말해 보세요.

> 보기
> Un año tiene <u>12(doce)</u> meses.

1 Enero tiene _____ días.
2 Un año tiene _____ semanas.
3 Una semana tiene _____ días.
4 Un día tiene _____ horas.
5 Una hora tiene _____ minutos.
6 Febrero tiene _____ días.

Ejercicio 9

다음 글에 tener 동사의 알맞은 형태를 넣으세요.

Yo **1** _____ dos hermanos. Se llaman Sofía y Carlitos. Ella **2** _____ quince años y él **3** _____ trece años. Nosotros **4** _____ una mascota. Es un perro. **5** _____ once meses.

LECCIÓN 3

¿Dónde estás?

TEMAS
- El aula
- La ubicación
- Los estados físicos y anímicos

FUNCIONES
- Describir el aula
- Ubicar objetos
- Encontrar lugares en un mapa

GRAMÁTICA
- La forma impersonal 'hay'
- El verbo 'estar'
- El verbo 'ser'
- 'ser' + adjetivo vs. 'estar' + adjetivo

TEMAS Y ACTIVIDADES

TEMA 1 — El aula

PISTA 014

- A ¿Qué hay en tu aula?
- B Hay muchas cosas. Hay pupitres, sillas, libros…
- A ¿También hay un proyector?
- B Sí. Es nuevo y tiene muy buena calidad.

Actividad 1

Hable con su compañero/a sobre las cosas en su aula.

Modelo

- A ¿Hay <u>borradores</u> en el aula?
- B Sí, hay <u>dos borradores</u> en el aula.
- A ¿También hay <u>tizas</u>?
- B No, no hay <u>tizas</u>.

1. proyector
2. impresora
3. flor
4. mochila
5. bate de béisbol
6. mapa del mundo
7. cortina

Actividad 2

Ponga el artículo indefinido adecuado en cada espacio en blanco.

1	____ pizarra	**8**	____ estudiante	**15**	____ luz
2	____ borrador	**9**	____ puerta	**16**	____ ordenador/ ____ computadora
3	____ silla	**10**	____ ventana		
4	____ escritorio	**11**	____ pared	**17**	____ mochila
5	____ pupitre	**12**	____ reloj	**18**	____ libro
6	____ televisión/ ____ televisor	**13**	____ mapa	**19**	____ cuaderno
		14	____ techo	**20**	____ bolígrafo
7	____ profesor				

Actividad 3

Hable con su compañero/a sobre el número de las siguientes cosas en su aula.

Modelo

A ¿Cuántas <u>puertas</u> hay en tu aula?
B Hay <u>dos</u>.

1 ordenador
2 reloj
3 borrador
4 silla
5 ventana
6 luz
7 pantalla

LECCIÓN 3

2 TEMA — La ubicación

PISTA 015

A   Perdone, señora, ¿dónde está el mercado Maravilla?

B   Mire, no está lejos de aquí. Está al lado del metro Cuatro Caminos.

A   Gracias. Una pregunta más. ¿Allí hay muchas carnicerías?

B   Claro que sí. Hay muchas.

• La ubicación

 en

 sobre / encima de

 bajo / debajo de

 a la izquierda de

 a la derecha de

 al lado de

 delante de

 detrás de

 en el centro de

 dentro de

 fuera de

 entre ... y ...

 cerca de

 lejos de

 al final de / al fondo de

 enfrente de / frente a

Actividad 4

Mire el mapa y hable con su compañero/a sobre este barrio.

Modelo

A ¿El colegio está lejos de tu casa?
B No, está cerca de mi casa.

1. ¿Dónde está el colegio?
2. ¿Dónde está la cervecería?
3. ¿Dónde está la florería?
4. ¿El supermercado está al lado de la pizzería?
5. ¿El parque está cerca de tu casa?
6. ¿La cervecería está a la izquierda de la cafetería?
7. ¿_____?

Actividad 5

Hable con su compañero/a sobre los sitios de su universidad o de su entorno como en el modelo.

> **Modelo**
> A Perdone, ¿hay una boca de metro por aquí?
> B Sí, hay una boca de metro a la derecha del hospital.
> A Gracias.

1. una librería
2. un cajero automático
3. una tienda de móviles
4. un comedor
5. una cafetería
6. una oficina de correos
7. una pizzería

Actividad 6

Escuche y dibuje cada objeto en su lugar indicado.

PISTA 016

Tú estás aquí.

1. cómoda
2. silla
3. estantería
4. alfombra

LECCIÓN 3   67

Los estados físicos y anímicos

PISTA 017

A Hola, Juan, ¿cómo estás?
B Regular. Estoy muy nervioso porque mañana tengo dos exámenes difíciles. Y tú, ¿cómo estás?
A Yo, muy bien. Ya no tengo exámenes.
B ¡Felicidades!

• Los estados físicos y anímicos

estar contento/a

estar triste

estar enojado/a
estar enfadado/a

estar preocupado/a

estar cansado/a

estar enfermo/a

estar sentado/a

estar de pie

68 Curso de español 1 - Inicial

 tener calor
 tener frío
 tener prisa
 tener sueño

 tener miedo
 tener hambre

Actividad 7

Converse con su compañero/a sobre su estado.

Modelo

A ¿Estás de buen humor o de mal humor?
B Estoy de buen humor.

1. ¿Tienes hambre o sed ahora?
2. ¿Tú y tu compañero/a estáis sentados/as o de pie?
3. ¿Todas las ventanas están cerradas o abiertas?
4. ¿La pizarra del aula está sucia o limpia?
5. ¿Tú estás tranquilo/a o nervioso/a?
6. ¿Tu profesor/a está contento/a o enojado/a?

Actividad 8

Asocie cada situación con el estado correspondiente.

1 Juan y María tienen dos exámenes mañana.
2 Miguel tiene sueño ahora.
3 Isabel es médica y tiene mucho trabajo.
4 Mi hermano Juan Carlos está en cama.
5 Hay mucha gente en el autobús.
6 La puerta y las ventanas están abiertas.

a Tenemos frío.
b Está ocupada.
c Están nerviosos.
d Está cansado.
e Está enfermo.
f Estoy de pie.

Actividad 9

Indique cómo es su estado anímico en los siguientes lugares.

Modelo

A ¿Cómo estás cuando estás en el hospital?
B Estoy nervioso en el hospital.

Lugar		Estado anímico	
biblioteca	estadio de fútbol	aburrido	enfadado
cafetería	gimnasio	alegre	enojado
casa	mercado	cansado	feliz
cine	museo	contento	nervioso
clase de español	parque	de buen humor	preocupado
clínica dental	playa	de mal humor	relajado
discoteca	sala de entrevista	divertido	triste

Escriba un texto sobre su habitación o su casa después de leer y escuchar el siguiente modelo.

PISTA 018

Modelo

Mi casa no es grande, pero tampoco es pequeña. Tiene un salón comedor, una cocina, dos cuartos de baño y tres dormitorios. En casa vivimos mis padres, mi hermana y yo. También tenemos un perro. En el salón hay muchas cosas: un televisor grande, un sofá largo, un sillón, un equipo de música, dos lámparas y una mesa con cuatro sillas. En el cuarto de mis padres solo hay dos cosas: un armario grande para la ropa y una cama. En la habitación de mi hermana hay una cama, un armario, una cómoda, un tocador y una estantería grande porque ella es muy estudiosa. En mi habitación hay una cama, un armario pequeño, un escritorio, una silla y un ordenador.

VOCABULARIO Y EXPRESIONES

el salón de clase | 강의실

el aula (*f.*) 강의실
el bolígrafo 볼펜
el borrador 칠판지우개
la computadora, el ordenador 컴퓨터
el cuaderno 공책
el escritorio 책상
la impresora 프린터
la luz 전등
el mapa 지도
la mochila 책가방, 배낭
el ordenador 컴퓨터
la pantalla 화면
la pared 벽
la pizarra 칠판
el proyector 프로젝터
la puerta 문
el pupitre 책상
el reloj 시계
la silla 의자
la televisión, el televisor 텔레비전
la tiza 분필
la ventana 창문

los adjetivos | 형용사

abierto/a 열린
apagado/a 꺼진
limpio/a 깨끗한
redondo/a 둥근
sucio/a 더러운

los cuartos en casa | 방

el (cuarto de) baño 욕실
la cocina 부엌
el dormitorio 방
la habitación 방
el salón 거실

muebles y artículos domésticos | 집기

la alfombra 양탄자
el armario 옷장, 찬장
la cama 침대
la cómoda 서랍장
la cortina 커튼
el equipo de música 음향 기기
la estantería 책장
la lámpara 등
la ropa 옷
el sillón 안락의자
el sofá 소파
el tocador 화장대

la ubicación | 위치

a la derecha de ~오른쪽에
a la izquierda de ~왼쪽에
al final de ~끝에
al fondo de ~끝에
al lado de ~옆에
cerca de ~에서 가까운
debajo de ~아래에
delante de ~앞에
dentro de ~안에
detrás de ~뒤에
en ~에

en el centro de ~중앙에

encima de ~위에

enfrente de ~정면에

entre A y B A와 B 사이에

frente a ~정면에

fuera de ~밖에

lejos de ~에서 먼

sobre ~위에

los lugares | 장소

el banco 은행

el barrio 동네

la biblioteca pública 공공 도서관

la boca de metro 전철역 입구

el cajero automático 자동 현금 지급기

la carnicería 정육점

la cervecería 맥주집

el cine 영화관

la clínica dental 치과

el colegio 학교

el comedor 식당

la florería 꽃집

la oficina de correos 우체국

la papelería 문구점

la parada de autobuses 버스 정거장

el parque 공원

la pizzería 피자 가게

la playa 해변

la sala de entrevista 면접실

el supermercado 슈퍼마켓

la tienda de móviles 핸드폰 가게

la tienda de regalos 선물 가게

los estados físicos y anímicos | 신체 및 정신 상태

estar aburrido/a 지루하다

estar alegre 기쁘다

estar cansado/a 피곤하다

estar contento/a 기쁘다, 만족하다

estar de buen humor 기분이 좋다

estar de mal humor 기분이 나쁘다

estar de pie 서 있다

estar enfermo/a 아프다

estar enojado/a, estar enfadado/a 화나다

estar nervioso/a 긴장하다

estar ocupado/a 바쁘다

estar preocupado/a 걱정하다

estar relajado/a 편안하다

estar sentado/a 앉아 있다

estar tranquilo/a 침착하다

estar triste 슬프다

tener (mucho) calor (무척) 덥다

tener (mucho) frío (무척) 춥다

tener (mucha) hambre (무척) 배고프다

tener (mucho) miedo (굉장히) 무섭다

tener (mucha) prisa (무척) 바쁘다

tener (mucha) sed (무척) 갈증 나다

tener (mucho) sueño (무척) 졸리다

los verbos | 동사

hay (*inf.* haber) ~이/가 있다

estar ~에 있다, ~(한 상태)이다

más vocabulario | 기타

el bate de béisbol 야구 방망이

el examen 시험

la flor 꽃

la gente [집합 명사] 사람들

el perro 개

estudioso/a 공부를 열심히 하는

solo 단지

GRAMÁTICA Y EJERCICIOS

1 hay (la forma impersonal 'hay')

(1) hay는 haber 동사의 3인칭 단수 변이형으로 한국어의 '~이/가 있다'에 해당하는 표현으로 불특정한 사람 또는 사물의 존재를 나타낼 때 쓰입니다.

Hay agua en la botella. 병에 물이 있다.
Hay estudiantes en el aula. 강의실에 학생들이 있다.

(2) 일반적으로 hay는 명사 앞에 위치하며 hay 뒤에 오는 명사는 부정관사(un/a, unos/as)나 수사(uno/a, dos, tres, cuatro, ..., poco, mucho)와 함께 쓰이거나 아니면 명사 단독으로 씁니다.

Hay una cama en el cuarto. 방에 침대 하나가 있다.
    dos camas   침대 두 개가
    unas camas   몇 개의 침대가
    muchas camas   침대가 많이
    camas   침대들이

(3) 장소를 나타내는 부사나 전치사구는 hay 앞에도 올 수 있고 뒤에도 올 수 있습니다.

Sobre la mesa **hay** dos libros. 책상 위에 두 권의 책이 있다.
= **Hay** dos libros sobre la mesa.

Aquí **hay** un gato negro. 여기에 검은 고양이 한 마리가 있다.
= **Hay** un gato negro aquí.

Ejercicio 1

그림을 보고 빈칸에 들어갈 알맞은 단어를 골라 문장을 완성하세요.

> armario   computadora   cuaderno
> foto   reloj   ropa

1. En mi habitación hay una cama, un _____, un escritorio y una silla.
2. Sobre el escritorio hay una _____ y unos _____.
3. Dentro del armario hay poca _____.
4. En la pared hay un _____ y muchas _____.

2 estar 동사 (el verbo 'estar')

▶ estar ~에 있다, ~(한 상태)이다

	단수	복수
1인칭	estoy	estamos
2인칭	estás	estáis
3인칭	está	están

(1) estar 동사 뒤에 형용사, 부사, 혹은 전치사구를 써서 주어의 정신적, 물리적 상태나 변하기 쉬운 속성을 표현할 때 사용합니다. 보어 역할을 하는 형용사는 주어 역할을 하는 명사에 성과 수를 일치시킵니다.

Juan **está** nervioso por el examen. 후안은 시험 때문에 긴장해 있다.
El asiento **está** libre/ocupado. 그 자리는 비어 있어 / 주인 있어.
La habitación de Rocío **está** muy bien ordenada. 로시오의 방은 아주 잘 정돈되어 있다.
¿Tú y tus amigos **estáis** bien? 너와 네 친구들은 괜찮니?
El jugador **está** en forma. 그 선수는 컨디션이 좋다.

(2) 정해진 주어의 위치, 장소를 나타낼 때 사용합니다.

Juan **está** en el aula 211. 후안은 211호 강의실에 있다.
El cine **está** enfrente de la farmacia. 영화관은 약국 건너편에 있다.
El libro **está** en mi habitación. 그 책은 내 방에 있다.
La Biblioteca Nacional **está** al lado de la Plaza Mayor. 국립 도서관은 마요르 광장 옆에 있다.
Perú **está** en América del Sur. 페루는 남미에 있다.
Sokcho **está** en el este de Corea. 속초는 한국의 동쪽에 있다.

(3) hay와 estar의 다른 점은 estar의 경우 문맥이나 대화에 이미 한 번 나온 주어 또는 어느 지점에 있다고 확신하는 사람이나 사물의 위치를 표현할 때 사용합니다.

A En mi barrio **hay** un restaurante italiano muy bueno y barato.
 우리 동네에 아주 좋고 싼 이탈리아 레스토랑이 하나 있어.
B ¿Sí? ¿Dónde **está** el restaurante? 그래? 어디에 있는데?
A **Está** al lado del cine Callao. 카야오 영화관 옆에 있어.

LECCIÓN 3

Ejercicio 2

빈칸에 estar 동사의 알맞은 활용형을 써서 문장을 완성하세요.

1. Ahora mis amigos _____ en Londres.
2. Yo _____ muy triste porque mis padres _____ lejos de aquí.
3. ¿Dónde _____ ahora tú y tu hermano?
4. Mis compañeros y yo _____ muy contentos porque ya no tenemos exámenes.
5. El teatro Apolo _____ en el centro de la ciudad.
6. ¿Por qué _____ tú tan preocupada? ¿Por el examen o por tu novio?

Ejercicio 3

빈칸에 hay 또는 estar 동사를 활용하여 문장을 완성하세요.

1. ¿Dónde _____ una farmacia cerca de aquí?
2. Todas las tardes mi novia y yo siempre _____ juntos.
3. ¿Dónde _____ la farmacia San Juan?
4. Los padres _____ en la casa de los abuelos ahora.
5. ¿Qué _____ dentro de tu mochila?
6. El restaurante chino "Gran Muralla" _____ detrás del banco.
7. ¿Quiénes _____ ahora en la casa de Juan Carlos?
8. Cerca de mi casa _____ un restaurante famoso.

Ejercicio 4

빈칸에 hay나 estar 동사를 알맞게 활용하여 다음 글을 완성해 보세요.

En mi barrio 1 _____ una cafetería muy famosa. 2 _____ a la derecha del banco Santander y enfrente del cine Estrellas. Es muy bonita porque 3 _____ muy bien decorada. En la pared 4 _____ muchos cuadros y los muebles son muy elegantes. La cafetería siempre 5 _____ llena de gente porque no son caras las bebidas ni las comidas. ¡Es mi lugar favorito del barrio!

3 ser 동사 (el verbo 'ser')

▶ ser ~이다

	단수	복수
1인칭	soy	somos
2인칭	eres	sois
3인칭	es	son

(1) '~이다'의 뜻으로 주어의 이름, 직업, 국적 등을 말할 때 씁니다.

Él **es** Juan y ella **es** Carmen. 그는 후안이고 그녀는 카르멘이다.
Rafael Nadal **es** tenista. 라파엘 나달은 테니스 선수다.
Javier Bardem **es** español. 하비에르 바르뎀은 스페인 사람이다.

(2) 주어의 본질적 속성이나 특성을 표현합니다.

El Museo Nacional **es** grande y amplio. 국립 박물관은 크고 넓다.
Alberto **es** divertido, guapo y trabajador. 알베르토는 재미있고 잘생겼고 부지런하다.

> **심화 학습**
>
> ser 동사는 주어의 변하지 않는 속성을 나타내는 반면, estar 동사는 주어의 변할 수 있는 정신적, 물리적 상태를 표현합니다.
> Mi hijo **está** resfriado. 내 아들은 감기에 걸렸다.
> Carmen **está** muy preocupada. 카르멘은 매우 걱정이 많다.
> **Estamos** muy cansados por el trabajo. 우리는 일 때문에 매우 피곤하다.

(3) 전치사 de와 함께 쓰여 출신, 출처, 소유, 소속, 재료, 재질을 나타냅니다.

A ¿De dónde es tu amiga Marisa? 네 친구 마리사는 어디 사람이니?
B **Es de** México. 멕시코 사람이야. 〔출신〕

A ¿De quién es el coche? 차는 누구 것이니?
B **Es de** mi madre. 우리 엄마 것이야. 〔소유〕

A ¿De qué es la silla? 의자는 무엇으로 되어 있니?
B **Es de** madera y metal. 나무와 금속으로 되어 있어. 〔재질〕

(4) 한국어의 '(행사)이/가 있다'란 표현을 쓸 때에는, clase, examen, conferencia, concierto, fiesta, boda와 같은 명사를 estar 동사가 아니라 ser 동사와 함께 씁니다.

La fiesta de mi cumpleaños **es** mañana. 내 생일 파티는 내일이야.
Los conciertos de la cantante **son** en Madrid y Sevilla.
그 여자 가수의 콘서트는 마드리드와 세비야에서 있습니다.
La clase de español **es** en el aula 112 del edificio B. 스페인어 수업은 B관 112호실에서 있다.

Ejercicio 5

ser 동사를 주어에 맞게 활용하여 넣으세요.

1 El restaurante coreano "Han-gang" _____ bueno y barato.

2 ¿De dónde _____ vosotros?

3 El examen de mañana _____ en el aula 412.

4 Miguel y yo _____ buenos estudiantes.

5 ¿Quiénes _____ ellas?

6 ¿Qué _____ un borrador?

7 Yo _____ peruano y ahora estudio coreano por el K-pop.

8 ¿De qué _____ tu anillo?

9 Tú _____ muy simpática y generosa.

10 Los bolígrafos _____ de Miguel.

Ejercicio 6

알맞은 동사를 골라 문장을 완성하세요.

1 Nosotros (somos / estamos) cansados ahora.

2 ¿Dónde (es / está) la reunión?

3 La leche para el bebé (es / está) caliente.

4 La sangre (es / está) roja.

5 ¿De quién (son / están) estos pantalones?

6 Mis gafas (son / están) encima de la mesilla.

7 Hoy tú (eres / estás) muy guapa con el vestido verde.

8 La película (es / está) muy larga.

9 ¿(Sois / Estáis) contentas con el hotel?

10 Corea (es / está) en Asia.

4 'ser + 형용사'와 'estar + 형용사'의 차이 ('ser' + adjetivo vs. 'estar' + adjetivo)

몇몇 형용사는 ser 동사와 estar 동사에 모두 어울려 쓸 수 있습니다. 이때 함께 쓰는 동사에 따라 의미가 달라집니다. ser 동사와 쓰면 불변의 본질적 특성을 뜻하고, 일정한 시간을 나타내는 부사의 수식을 받으면서 estar 동사와 함께 쓰면 일시적인 상태를 나타냅니다.

	ser 동사	estar 동사
alegre	Carmen **es** alegre. 카르멘은 유쾌한 사람이다.	Ahora Carmen **está** alegre. 카르멘은 지금 유쾌하다/기쁘다.
guapo/a	Carmen **es** muy guapa. 카르멘은 아주 예쁘다.	Hoy Carmen **está** muy guapa. 오늘 카르멘은 무척 예뻐 보인다.
joven	Carmen **es** joven. 카르멘은 젊다.	Hoy Carmen **está** joven. 오늘 카르멘은 젊어 보인다.
azul	El cielo **es** azul. 하늘은 파란색이다.	Hoy el cielo **está** azul. 오늘 하늘은 파랗다.

심화 학습

rico, pobre, listo, verde, bueno, malo와 같은 형용사는 함께 쓰는 동사에 따라 전혀 다른 의미로 해석됩니다.

	ser 동사	estar 동사
rico/a	El empresario **es** muy rico. 그 사업가는 아주 부자다.	La comida **está** muy rica. 음식이 아주 맛있다.
pobre	Emilio **es** pobre. 에밀리오는 가난하다.	Emilio **está** pobre. 에밀리오는 불쌍하다.
listo/a	Ana **es** lista. 아나는 똑똑하다.	Ana **está** lista. 아나는 준비되어 있다.
verde	La puerta **es** verde. 문은 초록색이다.	La manzana **está** verde. 사과는 익지 않았다.
bueno/a	Las frutas **son** buenas para la salud. 과일들은 건강에 좋다.	El café **está** muy bueno. 커피는 아주 맛이 좋다. Emilio ya **está** bueno. 에밀리오는 이제 건강이 좋아졌다.
malo/a	El tabaco **es** malo para la salud. 담배는 건강에 안 좋다.	Emilio **está** malo. 에밀리오는 아프다.

Ejercicio 7

〈보기〉와 같이 질문에 알맞은 답을 써서 대화를 완성하세요.

보기
A ¿Carlos es una persona muy alegre?
B Sí, pero hoy no está alegre.

1. A ¿El cielo es azul?
   B Sí, pero hoy _____.

2. A ¿Esta telenovela es aburrida?
   B Sí, pero hoy _____.

3. A ¿En la florería Mamen las rosas son caras?
   B Normalmente sí, pero hoy _____.

4. A ¿Tu novio es guapo?
   B Sí, pero hoy _____.

5. A ¿Las naranjas son baratas en Valencia?
   B Sí, pero estos días _____.

6. A ¿José es muy simpático con las chicas?
   B Sí, pero hoy _____.

Ejercicio 8

밑줄 친 곳을 바르게 고치세요.

Miguel y yo **1** son **2** hermano. Mi hermano es alto, guapo y muy trabajador. Su habitación no es **3** amplio pero siempre **4** es limpia. La escuela de Miguel **5** es muy cerca de mi casa. Yo no **6** es lista, pero soy muy **7** trabajador. Mi cuarto **8** está grande y siempre está **9** ordenada.

LECCIÓN 4

¿Qué clases tomas este semestre?

TEMAS
- Las asignaturas
- Acciones habituales
- Las preguntas

FUNCIONES
- Hablar de la profesión o la carrera
- Hablar de hábitos cotidianos
- Hacer preguntas

GRAMÁTICA
- El presente de indicativo: los verbos regulares
- Los posesivos
- Los números ordinales
- Los interrogativos

TEMAS Y ACTIVIDADES

TEMA 1 Las asignaturas

PISTA 019

- **A** ¿Cuántas clases tomas este semestre?
- **B** Tomo cuatro clases: Economía, Historia, Literatura y Español.
- **A** ¿Quién enseña Español?
- **B** Pues, el profesor Ortega.

Actividad 1

Clasifique las siguientes asignaturas según la categoría a la que pertenezcan.

Administración de Empresas	Alemán	Antropología	Arte
Biología	Chino	Comunicación	Contabilidad
Coreano	Economía	Español	Filosofía
Física	Francés	Geografía	Historia
Informática	Inglés	Japonés	Lingüística
Literatura	Matemáticas	Música	Química
Ruso	Psicología	Sociología	Teatro

Letras	Humanidades	Ciencias e Ingeniería	Ciencias Sociales	Bellas Artes

Actividad 2

Asocie las siguientes palabras con la asignatura correspondiente.

Modelo

la geometría, el álgebra, el aritmética → Matemáticas

1. Sócrates, Nietzsche, Heidegger → _____
2. KBS, MBC, SBS → _____
3. Google, Microsoft, IBM → _____
4. Pablo Picasso, Joan Miró, Frida Kahlo → _____
5. Gabriel García Márquez, Pablo Neruda, Jorge Luis Borges → _____
6. el oxígeno, el hidrógeno, el dióxido de carbono → _____
7. Sigmund Freud, Carl Jung, Alfred Adler → _____

LECCIÓN 4

Actividad 3

Mire el horario de clases de Marta e indique si las siguientes afirmaciones son verdaderas (V) o falsas (F).

HORA	LUNES	MARTES	MIÉRCOLES	JUEVES	VIERNES
9:00	Español		Español		Español
10:00		Economía		Economía	
11:00	Comunicación	Contabilidad	Comunicación	Contabilidad	
12:00					
13:00	Literatura				
14:00	Literatura				
15:00	Literatura				

		V	F
1	Marta no tiene clases por la noche.	☐	☐
2	Marta tiene clases de Comunicación tres días a la semana.	☐	☐
3	Este semestre tiene cinco clases en total.	☐	☐
4	Tiene clases de Literatura solo los viernes.	☐	☐
5	Las clases de Contabilidad son los martes y jueves.	☐	☐

Actividad 4

Hable con su compañero/a sobre las clases que toma este semestre.

Modelo

A ¿Cuál es tu especialidad?

B Estudio Comunicación.

A ¿Qué clases tomas este semestre?

B Tomo Sociología, Historia y Lingüística.

A Entre ellas, ¿cuál es tu clase favorita?

B Mi clase favorita es Lingüística.

A ¿Por qué?

B Porque la profesora es muy divertida y sus explicaciones son muy claras.

Acciones habituales

PISTA 020

A ¿Comes a menudo fuera de casa?

B Sí. Pues, yo llevo una vida bastante ocupada. ¿Y tú? ¿Con qué frecuencia comes fuera de casa?

A Yo, casi nunca. Mi mamá cocina muy bien.

● **Las acciones**

conversar

cantar

bailar

comer

beber

correr

abrir

escribir

asistir

LECCIÓN 4 85

Actividad 5

Escuche la narración e indique si las siguientes afirmaciones son verdaderas (V) o falsas (F).

PISTA 021

		V	F
1	Manolo y Jorge comparten el piso.	☐	☐
2	Cristina bebe cerveza.	☐	☐
3	Antonio es peruano.	☐	☐
4	Todas las chicas desean bailar con Carlos.	☐	☐
5	No hay clases mañana.	☐	☐

Actividad 6

Complete la tabla respondiendo a las preguntas y luego compare las respuestas con las de su compañero/a.

Actividades	tú	tu compañero/a
¿Dónde estudias?		
¿Qué lenguas aprendes?		
¿Qué tipo de música escuchas?		
¿Cuántas horas navegas por Internet?		
¿Con quién hablas por teléfono?		

Actividad 7

Hable con un compañero/a sobre la frecuencia con la que realiza las siguientes actividades.

Modelo

A ¿Con qué frecuencia escribes correos electrónicos?
B Escribo correos electrónicos a veces. ¿Y tú?
A Yo escribo correos electrónicos todos los días.

Vocabulario útil

todos los días
(casi) siempre
con frecuencia
frecuentemente
a veces
de vez en cuando
una vez a la semana
dos veces al día/mes
(casi) nunca
jamás

¿Con qué frecuencia ....?

1. asistir a la clase de español
2. comer fuera de casa
3. escribir poemas
4. comprar regalos para tus amigos
5. hablar por teléfono con tus padres

Actividad 8

Describa qué pasa en la fiesta.

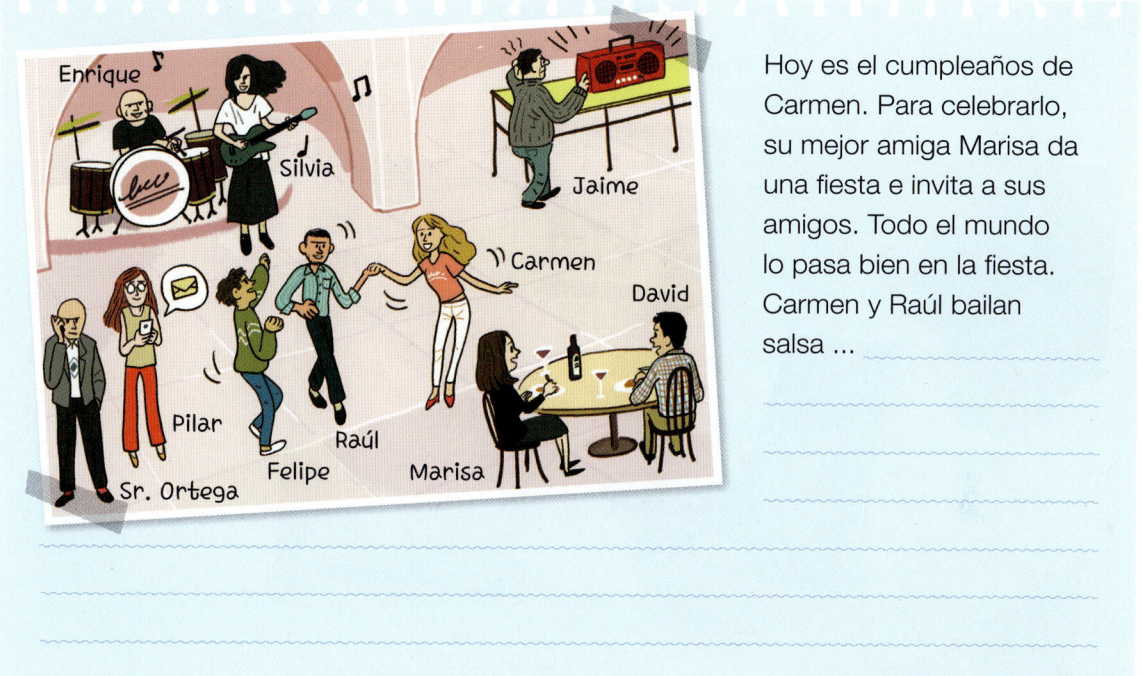

Hoy es el cumpleaños de Carmen. Para celebrarlo, su mejor amiga Marisa da una fiesta e invita a sus amigos. Todo el mundo lo pasa bien en la fiesta. Carmen y Raúl bailan salsa …

Actividad 9

Lea y escuche el siguiente párrafo e indique si las siguientes afirmaciones son verdaderas (V) o falsas (F).

PISTA 022

> Los Sres. Botero buscan un regalo para su hija Pilar porque el viernes es su cumpleaños. El Sr. Botero cree que Pilar necesita una mascota. Como sus animales favoritos son los gatos, él planea comprar un gato persa para su hija. La Sra. Botero dice: "Pero, mi amor, Pilar no es muy responsable. Además, tus hermanos ya tienen mascotas y vivimos cerca de ellos. Te aconsejo encontrar un regalo más útil para nuestra hija". Por eso, los Botero deciden ir a la tienda de su amigo, don Alonso, y comprar un ordenador portátil para Pilar.

		V	F
1	Pilar es la hija de los señores Botero.	☐	☐
2	Los gatos son los animales favoritos del señor Botero.	☐	☐
3	Los tíos de Pilar viven lejos de los Botero.	☐	☐
4	Los Botero deciden comprar un gato persa para su hija.	☐	☐

3 TEMA Las preguntas

PISTA 023

A ¿Qué lees?

B Leo los correos electrónicos de mis estudiantes.

A ¿Por qué recibes tantos correos electrónicos?

B Porque tienen dudas como siempre.

Actividad 10

Complete los huecos del siguiente diálogo con los interrogativos correspondientes.

> cómo   cuándo   por qué   qué   quién

Juana Hola, Carlos. ¿**1** _____ estás?
Carlos Bien, gracias. ¿Y tú?
Juana Bien. ¿**2** _____ haces ahora?
Carlos Estudio Psicología.
Juana ¿**3** _____ estudias tan duro?
Carlos Porque tengo una prueba esta tarde.
Juana ¡Buena suerte!
Carlos Gracias.
Juana Por cierto, ¿**4** _____ enseña esa clase? Debo tomar un curso de Psicología el próximo semestre.
Carlos La profesora Luján. Te aconsejo tomar su clase. Explica muy bien y es muy simpática.
Juana Gracias por tu recomendación. ¿**5** _____ planeas regresar a casa?
Carlos Regreso a la residencia estudiantil a las cinco.
Juana ¿Te espero y así regresamos juntos?
Carlos ¡Vale! Te llamo después de la prueba.

Actividad 11

Entreviste a un/a compañero/a usando las siguientes preguntas.

1 ¿Dónde vives?
2 ¿Con quién vives?
3 ¿Cuál es tu número de teléfono?
4 ¿Cuándo es tu cumpleaños?
5 ¿Por qué tomas la clase de español?
6 ¿Cuántas horas estudias al día?
7 ¿Qué cursos necesitas tomar el próximo semestre?
8 ¿Qué haces en tu tiempo libre?
9 ¿Qué libro lees estos días?
10 ¿Cómo es tu mejor amigo/a?

VOCABULARIO Y EXPRESIONES

la asignatura | 과목

la administración de empresas 경영(학)
el álgebra (*f.*) 대수학
la antropología 인류학
la aritmética 산수
el arte 예술, 미술
las Bellas Artes 예술(대학)
la biología 생물학
la ciencia 과학, 이학
las Ciencias Sociales 사회과학
la comunicación 커뮤니케이션
la contabilidad 회계학
la economía 경제학
la filosofía 철학
la física 물리학
la geografía 지리학
la geometría 기하학
la historia 역사(학)
las humanidades 인문학
la informática 정보학, 컴퓨터 공학
la ingeniería 공학
la lengua 언어
la lingüística 언어학
las letras 문과, 언어 관련 학과
la literatura 문학
las matemáticas 수학
la música 음악
la psicología 심리학
la química 화학
la sociología 사회학
el teatro 연극(학)
la especialidad 전공

el curso 강의
el semestre 학기

los verbos | 동사

abrir 열다
aconsejar 충고하다
aprender 배우다
asistir a ~에 참석하다, 다니다
bailar 춤추다
beber 마시다
buscar 구하다, 찾다 (과정)
cantar 노래하다
celebrar 축하하다, 개최하다
cocinar 요리하다
comer 먹다, 점심 먹다
compartir 공유하다
comprar 사다
correr 달리다
conversar 대화하다
decidir 결정하다
desear 바라다
dar una fiesta 파티를 개최하다
deber + *inf*. ~하는 것을 해야 한다
encontrar 찾다 (결과)
enseñar 가르치다
entrevistar 인터뷰하다
escribir 쓰다
escuchar 듣다
esperar 기다리다
estudiar 공부하다
hablar por teléfono 전화로 이야기하다
invitar 초대하다
ir 가다
leer 읽다

llamar 부르다, 전화하다
llevar 지니다, 운반하다
navegar por Internet 인터넷 서핑하다
necesitar 필요하다
pasarlo bien/mal 좋은/나쁜 시간을 보내다
planear 계획하다
recibir 받다
regresar 돌아가다
tomar (음식을) 섭취하다, (강의를) 듣다
vivir 살다

las expresiones de frecuencia | 빈도 표현

¿Con qué frecuencia ...? 얼마나 자주 ~?
(casi) nunca/jamás (거의) 결코, 절대로
(casi) siempre (거의) 항상
a menudo 자주
a veces 때때로
al día/a la semana/al mes/al año 하루에/일주일에/한 달에/일 년에
con frecuencia, frecuentemente 자주
de vez en cuando 가끔
estos días 요즘
todos los días, cada día 매일
una vez (dos veces, muchas veces) 한 번 (두 번, 여러 번)

los días de la semana | 요일명

el lunes 월요일
el martes 화요일
el miércoles 수요일
el jueves 목요일
el viernes 금요일
el sábado 토요일
el domingo 일요일
el fin de semana 주말

más vocabulario | 기타

la acción habitual 습관적인 행동
el animal 동물
el baile 춤, 댄스
la cerveza 맥주
el cumpleaños 생일
el dióxido de carbono 이산화탄소
la duda 의문, 의심
la explicación 설명
la fiesta 파티, 잔치
el gato persa 페르시안 고양이
el hidrógeno 수소
la hija 딸
la hora 시간, 시각
el horario 시간표
el ordenador portátil 노트북, 랩탑
el oxígeno 산소
el piso 아파트, 층
el poema (한 편의) 시
la prueba 시험, 퀴즈
la recomendación 추천
la residencia estudiantil 학생 기숙사
el tío 삼촌
además 게다가
afuera 밖에서
bastante 상당히, 꽤
como siempre 늘 그렇듯이
después de ~ 후에
en total 통틀어
juntos 함께
para ~을/를 위하여
por eso 따라서
porque 왜냐하면
próximo/a 다음의
responsable 책임감 있는
tanto/a 그렇게나 많은
todo el mundo 모든 사람들
útil 유용한
ya 이미
¡Buena suerte! 행운을 빌어!
¡Vale! 좋아! (동의 표현)

GRAMÁTICA Y EJERCICIOS

1 현재형 규칙 동사 (el presente de indicativo: los verbos regulares)

1. 동사의 어미 활용 (conjugación)

(1) 스페인어의 모든 동사의 기본형은 세 가지 어미형(-ar동사, -er동사, -ir동사) 중 하나에 속합니다.

(2) 문장 주어의 인칭과 수에 따라 동사를 활용해야 합니다. 현재형 규칙 동사는 다음과 같이 어미가 동일한 형태로 변화합니다.

① -ar 동사

▶ hablar 말하다

	단수	복수
1인칭	hablo	hablamos
2인칭	hablas	habláis
3인칭	habla	hablan

amar 사랑하다	llegar 도착하다
buscar 찾다	llevar 데려다주다, 가져가다
hablar 말하다	manejar 운전하다
caminar 걷다	mirar 바라보다
cantar 노래하다	tocar (악기를) 연주하다
comprar 사다	tomar (섭취)하다, 타다, 먹다
enseñar 가르치다	viajar 여행하다
estudiar 공부하다	

Yo **toco** el piano cuando estoy alegre.
나는 기쁠 때 피아노를 연주한다.

Ana y Juan **llegan** a Seúl mañana.
아나와 후안은 내일 서울에 도착한다.

A veces **cantamos** una canción.
가끔 우리는 노래를 부른다.

② -er 동사

▶ comer 먹다

	단수	복수
1인칭	como	comemos
2인칭	comes	coméis
3인칭	come	comen

aprender 배우다	creer 믿다, 생각하다
beber 마시다	deber (+ *inf.*) ~해야 한다
comer 먹다	leer 읽다
comprender 이해하다	vender 팔다
correr 달리다	

No **comprendo** su explicación muy bien.
나는 그의 설명을 잘 이해하지 못해.

¿**Leéis** el periódico todos los días?
너희들은 매일 신문을 읽니?

Yo **vendo** libros usados.
나는 중고 책을 판다.

③ –ir 동사
▶ vivir 살다

	단수	복수
1인칭	viv**o**	viv**imos**
2인칭	viv**es**	viv**ís**
3인칭	viv**e**	viv**en**

abrir 열다
asistir (+ a) (수업)에 참석하다
compartir 공유하다
decidir 결정하다

escribir 쓰다
recibir 받다
vivir 살다

¿Con quién **compartís** el piso? 너희들은 누구랑 같이 살아?
Tú **recibes** muchos mensajes. 너는 많은 메시지를 받는다.
Mis amigos y yo siempre **asistimos** a la clase. 내 친구들과 나는 항상 수업에 참석한다.

Ejercicio 1
괄호 안의 동사를 알맞게 활용하여 빈칸을 채워 보세요.

Mi familia y yo **1** _____ (vivir) en Medellín, Colombia. Tengo muchos libros.
2 _____ (Leer) un libro cada semana. Mi hermana Marta es muy inteligente. Ella
3 _____ (asistir) a la universidad de lunes a jueves. Los viernes por la mañana
Marta y yo **4** _____ (correr) en el Parque Natural Metropolitano. Mi hermano Jaime
y sus amigos **5** _____ (beber) mucha cerveza los sábados por la noche. Yo **6** _____
(creer) que mi hermano debe beber menos.

Ejercicio 2
빈칸에 알맞은 동사를 골라 활용하여 문장을 완성하세요.

abrir	aprender	bailar	correr	recibir	tocar

1 Mi compañero de cuarto _____ la guitarra por la noche.
2 ¿Tú no _____ las ventanas por la noche?
3 La profesora _____ muchos correos electrónicos.
4 Nosotros _____ español.
5 Mi hermano menor _____ rápido.
6 Yo _____ muy mal.

Ejercicio 3

괄호 안의 동사 중 알맞은 것을 골라 활용하여 빈칸을 채워 보세요.

Este semestre yo **1** _____ (beber/vivir) en la residencia estudiantil. Mi compañera de cuarto **2** _____ (ser/estar) Elena. Odio vivir con ella porque **3** _____ (ser/estar) egoísta y perezosa. Por ejemplo, **4** _____ (tocar/tomar) la guitarra a medianoche y siempre **5** _____ (llegar/hablar) por teléfono muy alto. Yo **6** _____ (aprender/creer) que **7** _____ (deber/llevar) buscar una nueva compañera de cuarto pronto.

Ejercicio 4

괄호 안의 동사를 알맞게 활용하여 빈칸을 채워 보세요.

Cecilia ¡Hola, Jaime! ¿Qué tal las clases?

Jaime Bien... **1** _____ (Tener) cuatro clases... Español, Física, Biología y Computación. Y tú, ¿cuántas clases **2** _____ (tomar)?

Cecilia **3** _____ (Tomar) cuatro también... Español, Arte, Literatura coreana y Filosofía. El profesor García **4** _____ (enseñar) Español.

Jaime ¿Ah, sí? Marta y yo **5** _____ (asistir) a la clase de la profesora Márquez por la mañana.

Cecilia ¿**6** _____ (Estudiar) mucho vosotros?

Jaime Sí, porque hay muchas pruebas. Marta y yo **7** _____ (necesitar) estudiar todos los días.

Ejercicio 5

주어진 낱말을 이용하여 문장을 완성하세요.

1 vosotros / estudiar / vocabulario

2 clase de español / terminar / muy tarde

3 ¿preparar / usted / tarea?

4 ¿qué / buscar / tú?

5 Manuel / asistir / clase / violín

6 Isabel y yo / leer / biblioteca

7 nosotros / aprender / hablar / francés

8 mi padre / abrir / cuenta bancaria

2 소유 형용사 (los posesivos)

(1) 소유 형용사는 '(누구)의'라는 의미로 명사 앞에 위치하며 해당 명사의 소유자를 나타낼 때 씁니다.

	소유 형용사					
	단수			복수		
1인칭	mi	mis	나의	nuestro/a	nuestros/as	우리의
2인칭	tu	tus	너의	vuestro/a	vuestros/as	너희의
3인칭	su	sus	그의 그녀의 당신의 그것의	su	sus	그들의 그녀들의 당신들의 그것들의

(2) 스페인어 소유 형용사는 수식하는 명사와 항상 수를 일치시켜야 합니다. 즉, 뒤에 오는 명사의 수에 따라 소유 형용사의 단·복수가 결정됩니다. 다만, 1, 2 인칭 복수형은 성과 수를 모두 일치해야 합니다.

mi libro 나의 책　　　**mis** libros 나의 책들　　　**tu** maleta 너의 여행 가방
tus lentes 너의 안경/렌즈　　**nuestro** equipo 우리 팀　　**nuestra** universidad 우리 대학교
vuestro coche 너희들의 차　　**vuestros** hijos 너희들의 자식들
su casa 그의 (그녀의/당신의/그들의/그녀들의/당신들의) 집
sus estudiantes 그의 (그녀의/당신의/그들의/그녀들의/당신들의) 학생들

Ejercicio 6

빈칸에 알맞은 소유 형용사를 써서 문장을 완성하세요.

1 _____ (우리의) profesora es argentina.
2 Es _____ (그녀의) reloj.
3 Es _____ (당신들의) tarea.
4 _____ (너희들의) primos son franceses.

Ejercicio 7

빈칸에 알맞은 소유 형용사를 고르세요.

Me llamo Carmen y **1** (mi, tu, su) hermano, Juan. **2** (Nuestro, Sus, Mis) padre es profesor y enseña Matemáticas. Él adora a **3** (tu, nuestra, sus) estudiantes porque trabajan mucho. Yo estudio en la misma universidad, pero evito las clases de **4** (mi, vuestros, sus) padre. Mi hermano Juan trabaja en un hospital con **5** (vuestros, tus, nuestra) madre. **6** (Su, Tu, Nuestra) hospital está en el centro de Buenos Aires. ¿Cómo es **7** (sus, vuestro, tu) familia?

3 서수 (los números ordinales)

(1) 순서를 나타낼 때 사용하는 숫자를 서수라고 부릅니다.

primero	첫 번째	**sexto**	여섯 번째
segundo	두 번째	**séptimo**	일곱 번째
tercero	세 번째	**octavo**	여덟 번째
cuarto	네 번째	**noveno**	아홉 번째
quinto	다섯 번째	**décimo**	열 번째

(2) 서수는 형용사처럼 사용되므로 명사와 함께 사용될 때는 수식하는 명사와 성과 수를 일치해야 합니다. 보통 관사나 소유 형용사와 같은 한정사를 동반하며 수식하는 명사와 함께 쓰일 때는 명사 앞에 위치합니다.

mi **primera** clase 나의 첫 번째 수업
el **segundo** coche 두 번째 차

(3) '첫 번째'와 '세 번째'를 가리키는 서수가 남성 단수 명사를 수식할 때 서수는 기본형에서 -o를 생략한 채 사용해야 합니다.

mi **primer** curso 나의 첫 번째 강의
el **tercer** coche 세 번째 차

(4) 문장 내에서 서수가 수식하는 명사가 무엇인지 명료할 경우, 명사는 생략하고 서수만 쓰기도 합니다. 이때 생략된 명사가 남성 명사일 경우 '첫 번째' 또는 '세 번째'를 나타내는 서수의 -o는 생략하지 않고 기본형을 씁니다.

A ¿Cuál de los dibujos prefieres? 그림들 중 어떤 것을 선호하니?
B Prefiero **el primero**. 첫 번째 것(그림)이 좋아.

A ¿En qué piso vives? 넌 몇 층에 사니?
B En **el tercero**. 3층에 (살아).

Ejercicio 8

빈칸에 알맞은 서수를 쓰세요.

1 Marta es mi _____ (첫 번째) amiga estadounidense.

2 Colombia es el _____ (세 번째) país que firma el tratado.

3 Alberto es el _____ (다섯 번째) niño de la fila.

4 La clase de español es mi _____ (네 번째) clase del lunes.

5 Este es el _____ (두 번째) restaurante que cierra este mes.

6 Los _____ (첫 번째) capítulos de este libro son muy interesantes.

4 의문사 (los interrogativos)

1. 종류와 의미

의문사	뜻	질문 내용
¿qué?	무엇	사물이나 개념
¿dónde?	어디에	장소
¿adónde?	어디로	도착 장소
¿cómo?	어떻게	방법
¿quién? ¿quiénes?	누가	사람
¿cuándo?	언제	시간
¿cuál? ¿cuáles?	어떤, 무엇의	선택 가능한 대상이나 이름, 전화번호 등
¿por qué?	왜	이유
¿cuánto/a? ¿cuántos/as?	얼마나, 몇 개의	양 또는 개수 (수식하는 명사의 (불)가산성, 성·수에 일치)

2. 형태 및 위치

스페인어의 의문사에는 반드시 철자에 강세를 표시하며 의문사를 사용한 의문문에서는 의문사가 문두에 위치하고 주어와 동사가 도치됩니다.

A ¿**Qué** es esto? 이것은 무엇입니까?
B Es un regalo para Ud. 당신을 위한 선물입니다.

A ¿**Dónde** vive Fernando? 페르난도는 어디에서 삽니까?
B Vive en Salamanca. 살라망카에 삽니다.

A ¿**Cómo** estás? 너 어때?
B Estoy un poco cansada. 조금 피곤해.

A ¿**Quién** es el hombre alto? 키 큰 남자는 누구입니까?
B Es el nuevo profesor. 새로 오신 선생님입니다.

A ¿**Cuándo** es el examen final? 기말시험이 언제입니까?
B Es el próximo jueves. 다음 주 목요일입니다.

A ¿**Cuál** es tu deporte favorito? 네가 가장 좋아하는 운동은 무엇이니?
B Mi deporte favorito es el fútbol. 내가 가장 좋아하는 운동은 축구야.

A ¿**Por qué** no hay clase? 왜 수업이 없습니까?
B Porque hoy es el aniversario de la escuela. 오늘이 개교기념일이기 때문입니다.

A ¿**Cuántos** hijos tiene, señor García? 가르시아 씨, 몇 명의 자식이 있습니까?
B Tengo dos hijas. 딸이 두 명 있습니다.

Ejercicio 9

빈칸에 알맞은 의문사를 쓰세요.

1. **A** ¿_____ años tiene tu primo?
   B Tiene veintidós años.

2. **A** ¿_____ es tu clase favorita?
   B Es la clase de español.

3. **A** ¿_____ cenáis tú y tu amigo esta noche?
   B Cenamos en un restaurante chino cerca de aquí.

4. **A** ¿_____ no tomamos un refresco?
   B De acuerdo. Tengo mucha sed.

5. **A** ¿_____ lees el periódico? ¿Por la mañana o por la noche?
   B Leo el periódico por la mañana.

6. **A** ¿Con _____ juegas al fútbol?
   B Juego con mis amigos de la universidad.

Ejercicio 10

다음 각 질문에 알맞은 대답을 연결하세요.

1. ¿En qué planta vivís?
2. ¿Cuántas horas miras la televisión?
3. ¿Qué lenguas hablas?
4. ¿Cuál es tu dirección?
5. ¿De quién es esta canción?
6. ¿Cómo es tu profesor de Economía?
7. ¿Por qué estás tan preocupado?

ⓐ Tres horas.
ⓑ C/Alcalá 25, quinto A.
ⓒ Por el examen.
ⓓ Coreano, español e inglés.
ⓔ Es de los Beatles.
ⓕ Es divertido y simpático.
ⓖ En la octava.

LECCIÓN 5

¿Cuánto cuesta?

TEMAS
- Los precios
- La ropa
- Los planes

FUNCIONES
- Comprar y vender productos en tiendas o mercados
- Identificar personas por medio de la ropa
- Hablar de planes e intenciones

GRAMÁTICA
- Los demostrativos
- 'muy' vs. 'mucho'
- Los números (100~)
- El verbo 'ir'

TEMAS Y ACTIVIDADES

TEMA 1 — Los precios

PISTA 024

A ¿Cuánto cuestan estos plátanos?
B Cuestan 2 euros por kilo.
A Pues, dos kilos, por favor.

● **Las frutas**

Actividad 1

Pregunte e informe sobre el precio de las frutas siguiendo el modelo.

> **Modelo**
>
> • dos kilos de fresas y un melón
>
> A ¿Cuánto cuestan <u>las fresas</u> por kilo?
> B Cuestan <u>cinco euros</u>.
> A <u>Dos kilos</u>, por favor. Y <u>el melón</u>, ¿cuánto cuesta?
> B Cuesta <u>cuatro euros</u> por unidad.
> A Me llevo <u>uno</u>. ¿Cuánto es todo, por favor?
> B Son <u>catorce euros</u>.

Precios

	kilo
fresas	€ 5
cerezas	€ 4
manzanas	€ 3
melocotones	€ 2
naranjas	€ 1
tomates	€ 4
uvas	€ 3
	unidad
melón	€ 4
piña	€ 2
sandía	€ 7

1 un kilo de melocotones y tres kilos de tomates
2 dos kilos de cerezas y siete kilos de uvas
3 tres kilos de manzanas y dos piñas
4 cinco kilos de naranjas y una sandía

Actividad 2

Mire los dibujos y use los demostrativos apropiados en cada caso.

> **Modelo**
>
> A ¿Cuánto cuesta <u>ese bate de béisbol</u>?
> B Cuesta <u>veintiún euros</u>.

1 raqueta de bádminton (€15)
2 gorra de béisbol (€11)
3 pesas (€121)
4 zapatillas de tenis (€51)
5 casco de ciclista (€33)

2 TEMA La ropa

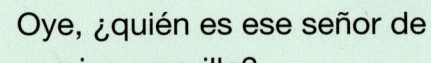

A Oye, ¿quién es ese señor de camisa amarilla?

B Ah, es un profesor de español. Es muy divertido y enseña muy bien.

A ¿También es profesor el hombre de traje?

B No, él es mi compañero. Él siempre lleva traje.

Actividad 3

Identifique cada prenda con su imagen correspondiente.

un traje gris	una blusa blanca	una falda roja
un cinturón negro	unas zapatillas de tenis amarillas	una chaqueta añil
una corbata azul claro	un vestido violeta	una camiseta rosada
unos zapatos marrones	unos pantalones vaqueros	unos zapatos de tacón alto verdes

1. unos zapatos de tacón alto verdes
2.
3.
4.
5.
6.
7.
8.
9.
10.
11.
12.

Actividad 4

Hable con un/a compañero/a sobre la ropa que llevan las siguientes personas como en el modelo.

Modelo

A ¿Qué ropa lleva esta mujer?

B Lleva un traje de patinaje azul.

1

2

3

4

5

6

7 tu compañero/a

8 tu profesor/a

Actividad 5

Escuche la grabación y escriba quién lleva cada una de las siguientes prendas.

PISTA 026

1 gorra

2 chaleco

3 abrigo

4 botas

5 sudadera con capucha

6 pajarita

7 calcetines

8 bufanda

9 pantalones

Actividad 6

Describa a una persona de la clase para que sus compañeros puedan adivinar quién es.

Modelo

Pistas

paso 1: Es de estatura mediana.
paso 2: Tiene el pelo negro.
paso 3: Lleva una camiseta de manga corta.
paso 4: La camiseta es blanca.
paso 5: Lleva pantalones azules.

Respuesta: Se llama Juan.

Juan

TEMA 3 — Los planes

PISTA 027

A ¿Qué vas a hacer este sábado?
B Voy a salir por la noche con unos amigos.
A ¿Adónde?
B Vamos a ir a cenar y, luego, a bailar. Y tú, ¿qué vas a hacer?
A No tengo plan. Creo que voy a quedarme en casa.

Actividad 7

Observe los dibujos y diga qué van a hacer las siguientes personas este fin de semana.

Ellos van a esquiar.

| bailar en una discoteca | hacer pesas | salir a cenar |
| pescar en el mar | reparar el carro | jugar al boliche |

1    Javier e Inés _____.

2    Marisa _____.

3    Los jóvenes _____.

4    Mi padre _____.

5    Mi hermana _____.

6    Mis amigas _____.

Actividad 8

Asocie los siguientes lugares con sus actividades correspondientes.

Modelo

A ¿Para qué vamos a la iglesia normalmente?
B Vamos a la iglesia para asistir a misa.

1   el cine   ●   ●   ⓐ   para comprar zapatos
2   la clínica   ●   ●   ⓑ   para recibir atención médica
3   el museo   ●   ●   ⓒ   para tomar sol y nadar
4   la panadería   ●   ●   ⓓ   para ver colecciones de objetos históricos, obras de arte, etc.
5   la playa   ●   ●   ⓔ   para comprar pan o pasteles
6   la zapatería   ●   ●   ⓕ   para ver una película

Escuche y complete el diálogo con los verbos apropiados.

PISTA 028

> dormir   hacer   pasar   trabajar   viajar

A   ¿Qué van a **1** _____ ustedes este verano?

B   Nosotros vamos a **2** _____ a Cancún. Mi esposa y yo vamos a **3** _____ unos días en la playa.

A   ¿Y dónde van a **4** _____?

B   En un hotel cerca del mar. ¿Qué plan tiene para estas vacaciones?

A   Pues, nada. Voy a **5** _____ todo el verano.

Actividad 10

Pregúntele a un/a compañero/a sobre sus planes.

1   ¿Qué vas a hacer después de la clase?

2   ¿Qué vas a tomar en la cafetería?

3   ¿Con quién vas a salir esta noche?

4   ¿Adónde vas a ir mañana por la mañana?

5   ¿Qué vas a hacer en tu cumpleaños?

6   ¿Qué vas a hacer estas vacaciones?

VOCABULARIO Y EXPRESIONES

las frutas | 과일

el aguacate 아보카도
la cereza 앵두, 체리
la fresa 딸기
el kiwi 키위
el limón 레몬
la mandarina 귤
el mango 망고
la manzana 사과
el melocotón 복숭아
el melón 멜론
la naranja 오렌지
la pera 배
la piña 파인애플
el plátano 바나나
la sandía 수박
el tomate 토마토
la uva 포도

los verbos | 동사

costar 값이 ~이다
dormir 자다
esquiar 스키 타다
hacer 하다
jugar (al tenis, al fútbol, ...) 놀다, (테니스, 축구 등) 하다
hacer pesas 역기를 들다
llevar 가지고 가다, (옷을) 입고 있다
pescar 고기를 잡다
quedarse 머무르다
reparar 수리하다
salir 나가다, 떠나다
tomar sol 일광욕을 하다
ver 보다
vestir 옷을 입히다
viajar 여행하다

las prendas de ropa | 의류

el abrigo 외투
el bañador, el traje de baño 수영복
la blusa 블라우스
las botas 부츠
la bufanda 목도리
los calcetines 양말
la camisa 와이셔츠
la camiseta 티셔츠
el chaleco 조끼
la chaqueta 재킷
el cinturón 혁대, 허리띠
la corbata 넥타이
la pajarita, la corbata mariposa 나비넥타이
la falda 치마
las gafas de sol 선글라스
la manga 소매
los pantalones 바지
los (pantalones) vaqueros 청바지
la ropa 옷
la sudadera con capucha 후드 티
el traje 정장

el uniforme 유니폼
el vestido 원피스
las zapatillas de tenis 운동화
los zapatos de tacón alto 하이힐

los lugares | 장소
la clínica 병원
la discoteca 클럽
la iglesia 교회, 성당
el mar 바다
el museo 박물관
la panadería 빵집
la playa 해변
la zapatería 구두 가게

unidades monetarias | 화폐 단위
el euro 유로
el dólar 달러
la libra 파운드
el peso 페소
el real 레알
el won 원
el yen 엔

objetos | 사물
el bate de béisbol 야구 방망이
el carro, el coche 자동차
el casco de ciclista 자전거 안전모
la gorra de béisbol 야구 모자
la pesa 역기, 아령
la raqueta de bádminton 배드민턴 라켓

más vocabulario | 기타
la atención médica 치료
la bebida 음료수
la boca 입

la colección (수집품) 모음, 컬렉션
la esposa 아내
el kilo(gramo) 킬로(그램)
la misa 미사
el objeto histórico 역사 유물
la obra de arte 예술품
el pastel 케이크
la película 영화
el plan 계획
el tren 기차
el verano 여름
tarde 늦게
mucho 많이
por kilo 킬로당
por unidad 개당
temprano 일찍

GRAMÁTICA Y EJERCICIOS

1 지시사 (los demostrativos)

(1) 사람이나 사물을 지시할 때 혹은 가리킬 때 주로 사용하며 지시 대상의 성·수에 맞춰 씁니다.

(2) este는 말하는 사람과 가까이 있는 사물을 지시할 때, ese는 듣는 사람과 가까이 있는 사물을 지시할 때 사용합니다. 말하는 사람과 듣는 사람 모두에게서 떨어져 있는 사물을 지시할 때는 aquel을 사용합니다.

	남성		여성		중성
	단수	복수	단수	복수	
이	este	estos	esta	estas	esto
그	ese	esos	esa	esas	eso
저	aquel	aquellos	aquella	aquellas	aquello

este hombre - **estos** hombres
이 남자 – 이 남자들

ese libro - **esos** libros
그 책 – 그 책들

aquel parque - **aquellos** parques
저 공원 – 저 공원들

esta mujer - **estas** mujeres
이 여자 – 이 여자들

esa foto - **esas** fotos
그 사진 – 그 사진들

aquella calle - **aquellas** calles
저 거리 – 저 거리들

¿Cómo se llama **este** chico? 이 소년의 이름이 무엇입니까?
¿**Esa** bicicleta es de Juan? 그 자전거는 후안의 것입니까?
¿Quién es **aquel** chico de allí? 저기 있는 저 학생은 누구입니까?

(3) 명사를 동반하지 않고 사람이나 사물을 가리키는 말로 단독으로 쓰기도 합니다.

Este es Juan, mi amigo colombiano. 이 사람은 내 콜롬비아 친구인 후안입니다.

Esta es Mina, mi amiga coreana. 이 사람은 내 한국인 친구 미나입니다.

Esta es una foto de mi familia. **Estos** son mis hermanos.
이것은 내 가족사진입니다. 이 사람들은 내 형제들입니다.

Este café está frío, **ese** está caliente. 이 커피는 차갑고 그것은 뜨겁습니다.

Estos chicos son mis primos y **esas** son mis estudiantes.
이 남자아이들은 내 사촌이고 그 여자아이들은 내 학생들입니다.

Aquella es nuestra escuela. 저것은 우리의 학교입니다.

(4) 지시하는 대상을 잘 모르거나 추상적 대상을 가리킬 때에는 중성 대명사를 사용합니다.

¿Qué es **esto**/**eso**/**aquello**?   이/그/저것이 무엇입니까?
Eso es todo.   그게 전부입니다.
Aquello es terrible.   저건 끔찍합니다.

Ejercicio 1

〈보기〉와 같이 빈칸에 알맞은 este의 변화형을 적어 빈칸을 채워 보세요.

> **보기**
> Juan vende este coche.

1 ¿Cuánto cuesta _____ blusa?
2 _____ pantalones son muy viejos.
3 Necesito _____ mochila.
4 Juan usa _____ lápices.
5 _____ camisas son de España.
6 _____ paquetes son pesados.

Ejercicio 2

〈보기〉와 같이 빈칸에 알맞은 ese의 변화형을 활용하여 빈칸을 채워 보세요.

> **보기**
> Esa chica es amiga de Juan.

1 ¿Cuánto cuesta _____ revista?
2 _____ hacienda es de la época colonial.
3 Tú usas _____ tizas.
4 _____ cuadros son caros.
5 Nosotros paseamos por _____ parque.
6 Carla y Juan leen _____ periódico.

Ejercicio 3

〈보기〉와 같이 빈칸에 알맞은 aquel의 변화형을 활용하여 빈칸을 채워 보세요.

> **보기**
> ¿Está contenta <u>aquella</u> clienta?

1   ¿Desea Ud. _____ postre?

2   Compro _____ libros.

3   ¿Son divertidas _____ películas?

4   Juan invita a _____ amigos.

5   _____ foto es excelente.

6   ¿Corremos hasta _____ árboles?

Ejercicio 4

〈보기〉와 같이 알맞은 지시 대명사를 쓰세요.

> **보기**
> Estudio este capítulo y <u>aquel</u> (저것).

1   Necesito este lápiz y _____ (그것).

2   _____ (이것) es muy pequeño.

3   ¿Cómo se dice _____ (이것) en español?

4   _____ (그것) es todo.

5   _____ (저 여자) de allí es mi sobrina.

6   _____ (이 사람) es Juan.

2 muy와 mucho ('muy' vs. 'mucho')

muy와 mucho는 수량, 정도, 빈도 등이 많음을 뜻하지만 문장 내에서 어떠한 품사로 쓰이느냐에 따라 다음과 같은 차이점이 있습니다.

(1) muy는 부사이며 형용사 또는 부사를 수식합니다.

　① 형용사 수식

　　muy bonito 매우 예쁜　　　**muy** alto 키가 매우 큰

　② 부사 수식

　　muy bien 매우 잘　　　**muy** deprisa 매우 급하게

(2) mucho가 형용사로 쓰이면 명사 앞에 위치하며 수량의 많음을 의미합니다. 부사로 쓰이면 동사 뒤에 위치하며 정도, 빈도, 시간의 많음을 뜻합니다. 명사를 수식할 때는 명사의 성·수에 따라 형태를 일치시킵니다. 부사로 사용된 경우는 형태가 변하지 않습니다.

　① mucho + 명사

　　Necesito **mucho** dinero. 나는 많은 돈이 필요해.
　　Hay **mucha** gente en la calle. 거리에 사람이 많다.
　　El profesor Kang tiene **muchos** libros en su despacho.
　　강 교수님은 연구실에 많은 책들을 갖고 계신다.

　② 동사 + mucho

　　Juan trabaja **mucho**. 후안은 많이 일합니다.
　　No corro **mucho**. 나는 많이 달리지 않습니다.

Ejercicio 5

빈칸에 muy나 mucho를 써서 문장을 완성해 보세요.

1　La televisión es _____ grande.

2　En este parque hay _____ gente.

3　Juan tiene _____ sueño.

4　Julia está _____ ocupada este semestre.

5　Yo estudio _____ para sacar buenas notas.

6　_____ estudiantes son mexicanas.

Ejercicio 6

〈보기〉와 같이 muy와 mucho를 써서 대화를 완성하세요.

> **보기**
> A ¿Tenemos tarea para mañana?
> B Sí, <u>tenemos mucha tarea</u>.

1. A ¿Es difícil estudiar español?
   B Sí, _____.

2. A ¿Tienes amigos en la escuela?
   B Sí. _____.

3. A ¿Es talentoso tu hermano?
   B Sí, _____.

4. A ¿Hay discriminación en el mundo del trabajo?
   B Sí, _____.

5. A ¿En la biblioteca hay libros?
   B Sí, _____.

Ejercicio 7

빈칸에 알맞은 mucho나 muy를 써서 문장을 완성하세요.

En el supermercado hay **1** _____ tipos de jugo de frutas naturales. **2** _____ gente piensa que son **3** _____ buenos para la salud y toma un vaso de jugo con **4** _____ frecuencia. Pero no es **5** _____ bueno tomar jugo **6** _____ veces porque tiene **7** _____ azúcar.

116　**Curso de español 1 - Inicial**

3 숫자 (los números) 100~

(1) 100은 cien이지만 101부터 199까지는 ciento를 씁니다.

100 cien	101 ciento uno
109 ciento nueve	111 ciento once
155 ciento cincuenta y cinco	199 ciento noventa y nueve

cien euros 100유로   **cien** personas 100명
ciento un perros 101마리의 개   **ciento** una rosas 101송이의 장미

(2) 200~999 사이의 숫자 중에서 100 단위 수는 수식하는 명사의 성에 일치시킵니다.

200 doscientos/doscientas	300 trescientos/trescientas
400 cuatrocientos/cuatrocientas	500 quinientos/quinientas
600 seiscientos/seiscientas	700 setecientos/setecientas
800 ochocientos/ochocientas	900 novecientos/novecientas

doscientos dólares 200달러
trescientos treinta y un libros 331권의 책
trescientas treinta y una sillas 331개의 의자
ochocientos alumnos y **ochocientas** alumnas 800명의 남학생과 800명의 여학생

(3) 1,000을 뜻하는 mil은 뒤따르는 명사의 성과 수에 따라 변하지 않습니다.

mil hombres 1,000명의 남자
dos mil mujeres 2,000명의 여자
diez mil pesos 10,000 페소
cien mil libras 100,000 파운드

Ejercicio 8

다음 가격을 스페인어로 써 보세요.

1 750 dólares _____ dólares
2 567 euros _____ euros
3 3 480 pesos _____ pesos
4 77 490 libras _____ libras
5 190 000 wones _____ wones
6 23 775 reales _____ reales
7 145 689 yenes _____ yenes

4 ir 동사 (el verbo 'ir')

(1) 모든 인칭에서 동사 변화가 불규칙하게 변하는 불규칙 동사입니다.

▶ ir 가다

	단수	복수
1인칭	voy	vamos
2인칭	vas	vais
3인칭	va	van

A ¿Adónde **van** ustedes en verano? 여러분은 여름에 어디에 가십니까?
B Normalmente **vamos** a la playa. 보통 해변에 갑니다.

(2) 'ir + a + 동사 원형'은 가까운 미래의 계획이나 의도를 표현하고자 할 때 사용합니다.

A ¿Qué **vas a hacer** esta noche? 오늘 밤에 무엇을 할 거니?
B **Voy a ir** al cine. 영화관에 갈 거야.

A ¿**Van a comer** en casa? 당신들은 집에서 식사할 거예요?
B No, **vamos a ir** a un restaurante italiano. 아닙니다, 우리는 이탈리아 식당에 갈 거예요.

(3) 'vamos + a + 동사 원형'은 문맥이나 상황에 따라 '~합시다'를 의미합니다.

Vamos a estudiar español. 스페인어를 공부합시다.
Vamos a ir a la playa. 해변에 갑시다.

Ejercicio 9

주어진 단어와 'ir + a + 동사 원형'을 사용하여 가까운 미래의 일을 표현하는 문장을 완성해 보세요.

| almorzar | beber | descansar | estudiar | ir | venir |

1 Mañana es mi cumpleaños. Mis amigos _____ a mi casa.
2 Tengo mucha hambre. Luego _____ en un restaurante.
3 Mañana por la noche nosotros _____ cerveza.
4 La próxima semana mi hermano tiene exámenes finales, así que _____ mucho.
5 El domingo por la mañana mi familia _____ a misa.
6 Estoy cansado. _____ en casa.

LECCIÓN 6

¿Cómo es tu familia?

TEMAS
- La familia
- Los pasatiempos
- Comida y bebida

FUNCIONES
- Construir árboles genealógicos
- Hablar sobre gustos
- Pedir en un restaurante

GRAMÁTICA
- El presente de indicativo: los verbos irregulares de cambio radical
- Los pronombres de complemento indirecto
- El verbo 'gustar'

TEMAS Y ACTIVIDADES

1 La familia

PISTA 029

A ¿Tienes hermanos?

B Sí, tengo un hermano y una hermana. Mi hermano es mayor que yo y está casado. Él y su mujer tienen una hija preciosa.

A ¿Y tu hermana?

B Es una universitaria muy trabajadora. A ella le interesa solo estudiar. ¡Increíble!

● La familia

♂	marido/esposo	padre	abuelo	hijo	hermano	nieto
	tío	primo	sobrino	suegro	yerno	cuñado

♀	mujer/esposa	madre	abuela	hija	hermana	nieta
	tía	prima	sobrina	suegra	nuera	cuñada

Adjetivos						
casado/a	soltero/a	viudo/a	divorciado/a	separado/a	mayor	menor

Actividad 1

Mire el árbol genealógico e indique si las siguientes afirmaciones son verdaderas (V) o falsas (F).

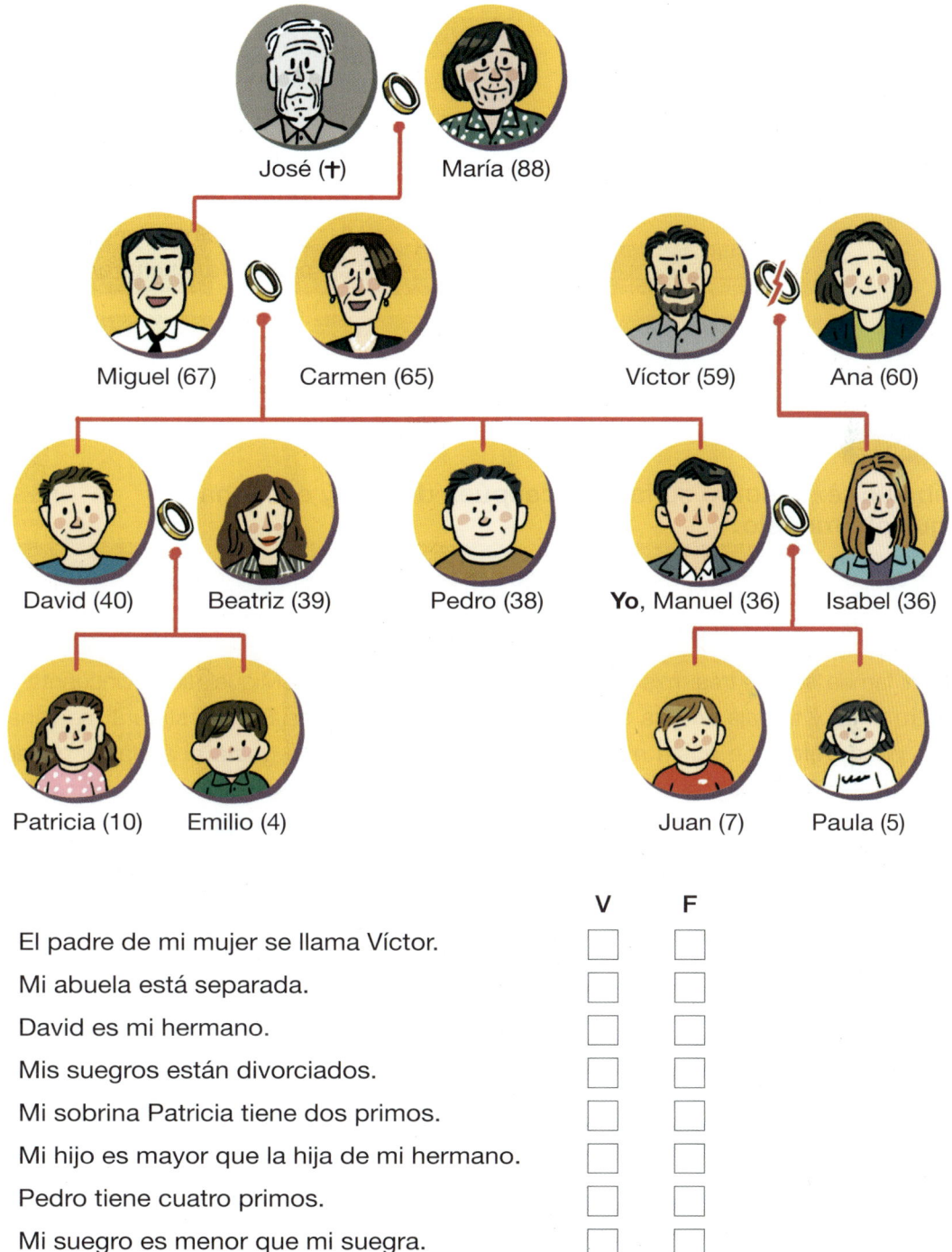

	V	F
1 El padre de mi mujer se llama Víctor.	☐	☐
2 Mi abuela está separada.	☐	☐
3 David es mi hermano.	☐	☐
4 Mis suegros están divorciados.	☐	☐
5 Mi sobrina Patricia tiene dos primos.	☐	☐
6 Mi hijo es mayor que la hija de mi hermano.	☐	☐
7 Pedro tiene cuatro primos.	☐	☐
8 Mi suegro es menor que mi suegra.	☐	☐

Actividad 2

Explique su árbol genealógico a un/a compañero/a para que lo dibuje.

1. ¿Cómo se llaman tus padres (abuelos/hermanos) y cuántos años tienen?
2. ¿Cuántos hermanos (tíos/primos/abuelos) tienes?
3. ¿Tu tío/a (hermano/a) está casado/a o soltero/a?

Actividad 3

Escriba un texto sobre su familia despúes de leer y escuchar el siguiente modelo.

PISTA 030

Modelo

Mi familia...

En mi familia somos tres: mis padres y yo. Mi padre se llama Miguel, tiene cincuenta y cuatro años y trabaja en una sucursal del Banco Santander. Es de estatura mediana y un poco gordo. Le gusta mucho comer carne pero no le gusta ni andar ni hacer ejercicio. Pero es muy trabajador. Casi todos los días regresa muy tarde a casa. Mi madre se llama Azucena, tiene la misma edad que mi padre y es profesora. Da clases de inglés en una escuela. Es alta y delgada. Le gusta pasear por el barrio con sus amigas después de cenar. En cuanto a mí, me llamo Verónica. Estudio Biología en la universidad. Soy muy activa y me gusta practicar deportes, sobre todo, el tenis.

2 Los pasatiempos

PISTA 031

- A ¿Te gusta jugar al fútbol con los amigos?
- B Sí, me gusta mucho. ¿Y a ti?
- A A mí no mucho. ¿Juegas mucho al fútbol?
- B Juego al fútbol casi todos los domingos.

● Las actividades

A mi padre le gusta jugar al golf.

A mi madre le gusta ir de compras.

LECCIÓN 6 123

A mi hermano y a sus amigos les gusta ver partidos de fútbol en el estadio.

A mí me gusta tocar el piano.

A mi abuela le gusta ver telenovelas.

A mi abuelo le gusta leer el periódico.

Actividad 4

Formule las preguntas y conteste como en el modelo.

Modelo

A ¿Qué le gusta hacer a Juan?
B Le gusta dormir todo el día en casa los fines de semana.

Nombre	Los fines de semana
Ana	ir al cine con sus amigos
Juan	dormir todo el día en casa
Carmen	invitar a sus amigos a casa y cocinar
Raúl y sus amigos	jugar al tenis
Javier y su novia	cenar en restaurantes elegantes
Emilia	andar/montar en bicicleta
Pedro	jugar a los videojuegos en la computadora

Actividad 5

Pregúntele a un/a compañero/a sobre sus pasatiempos favoritos.

> **Modelo**
>
> **Situación 1**
>
> A ¿Te gusta ver la televisión?
>
> B Sí, me gusta mucho ver la televisión. ¿Y a ti?
>
> A A mí también. / A mí no.
>
> **Situación 2**
>
> A ¿Te gusta nadar en la piscina?
>
> B No, no me gusta nadar en la piscina. ¿Y a ti?
>
> A A mí tampoco. / A mí sí.

1. escribir mensajes electrónicos
2. chatear con amigos
3. navegar por Internet
4. salir a bailar
5. hacer ejercicio
6. viajar en coche

Actividad 6

Hable con su compañero/a sobre sus gustos.

> **Modelo**
>
> • Emilio, los animales
>
> A ¿A Emilio le gustan los animales?
>
> B No, no le gustan.

1. Tú, el café americano
2. Tus hermanos, el chocolate
3. Tu compañero/a de cuarto, las películas de terror
4. Tu mejor amigo/a, la música clásica
5. Tus amigos/as, el flamenco y la comida española
6. Vosotros, los pasteles

TEMA 3 Comida y bebida

A ¿Cuál es tu comida favorita?
B La pizza y la hamburguesa con patatas fritas son mis favoritas. Me encantan.
A A mí no me gusta la comida rápida. Prefiero la comida de mi madre.
B ¡Claro! ¡La comida de casa es incomparable!

PISTA 032

● **Las comidas**

tostadas

cereales

leche

arroz

tacos

hamburguesa

patatas/papas fritas

sándwich de jamón y queso

ensalada mixta

sopa

paella

pasta

pollo asado

bistec / filete de ternera

pescado

tarta

yogur

fruta

café

cerveza

vino

Actividad 7

Hable con su compañero/a sobre las tres comidas usando las palabras de abajo.

> **Modelo**
>
> A ¿Qué te gusta tomar <u>en el desayuno</u>?
>
> B Desayuno <u>un café con una tostada</u>.

agua sin gas / con gas	filete de ternera	perrito caliente	té
burrito	fruta del tiempo	quesadilla	trucha
chocolate con churros	huevos revueltos	refresco	vino de la casa
chuleta de cerdo	jugo/zumo de naranja	salmón	vino tinto/blanco/rosado

en el desayuno	en el almuerzo	en la cena

Actividad 8

Escuche y conteste a las siguientes preguntas.

PISTA 033

1. ¿En qué restaurante cenan?
   ⓐ En el español.　　ⓑ En el coreano.　　ⓒ En el chino.

2. ¿Qué plato pide el cliente de primer plato?
   ⓐ Una ensalada mixta.　　ⓑ Una paella.　　ⓒ Una pasta.

3. ¿Qué platos no piden de segundo?
   ⓐ Una chuleta de cerdo.　　ⓑ Un filete de bacalao.　　ⓒ Un pollo asado.

4. ¿Con qué bebida cena la mujer?
   ⓐ Con un agua mineral.　　ⓑ Con una cerveza.　　ⓒ Con un vino.

5. ¿Qué postres van a tomar?
   ⓐ Un flan y una fruta del tiempo.
   ⓑ Un flan y un helado de chocolate.
   ⓒ Un helado de vainilla y un flan.

Actividad 9

Hable con su compañero/a de su alimentación.

1. ¿Qué desayunas generalmente? ¿Y el fin de semana?
2. ¿Desayunas fuerte o poco? ¿O no desayunas?
3. ¿Dónde almuerzas entre semana? ¿Qué almuerzas normalmente y con quién?
4. ¿Qué prefieres cenar, carne o pescado?
5. ¿Qué meriendas normalmente?

Actividad 10

Elija su plato favorito y busque sus ingredientes en Internet.

Gazpacho andaluz

Ingredientes para 4 personas:

- 1 kg. de tomates maduros
- 2 pimientos verdes pequeños
- 2 dientes de ajo
- 100 g. de pan de cortijo
- 4 cucharadas de aceite de oliva extra virgen
- 1 cucharada de vinagre
- agua

VOCABULARIO Y EXPRESIONES

la familia y los parientes | 가족과 친척

- el/la abuelo/a 할아버지, 할머니
- el/la cuñado/a 처남, 매형, 처제, 올케
- el/la hermano/a 남자 형제, 여자 형제
- el/la hijo/a 아들, 딸
- la madre 어머니
- el marido, el esposo 남편
- la mujer, la esposa 부인
- el/la nieto/a 손자, 손녀
- la nuera 며느리
- el padre 아버지
- el/la primo/a 사촌
- el/la sobrino/a 조카
- el/la suegro/a 장인, 시아버지, 장모, 시어머니
- el/la tío/a 삼촌, 외삼촌, 고모, 이모
- el yerno 사위
- casado/a 결혼한
- divorciado/a 이혼한
- mayor (que) ～보다 나이가 더 많은
- menor (que) ～보다 나이가 적은
- separado/a 별거 중인
- soltero/a 미혼의
- viudo/a 배우자를 잃은 (사람)

platos y alimentos | 요리와 음식 재료

- el aceite de oliva 올리브유
- el agua con gas 탄산수
- el agua mineral 미네랄 워터
- el agua sin gas 생수
- el almuerzo 점심
- el arroz (blanco) 쌀, 쌀밥
- el/la azúcar 설탕
- el bacalao 대구
- la bebida 음료
- el bistec, el filete de ternera 소고기 스테이크
- la botella 병
- el burrito 부리토
- el café (americano, con leche) 커피 (블랙 커피, 밀크 커피)
- la carne 고기
- la cena 저녁
- los cereales 시리얼, 잡곡
- el chocolate con churros 초콜릿과 추러스
- la chuleta de cerdo 돼지갈비
- la copa 술잔
- el desayuno 아침
- la ensalada (mixta) 샐러드
- el flan 푸딩
- la fruta del tiempo 제철 과일
- el gazpacho 토마토, 피망 등을 넣은 스페인식 차가운 스프
- la hamburguesa 햄버거
- el helado 아이스크림
- el huevo (revuelto, duro) 달걀 (스크럼블 달걀, 찐 달걀)
- el ingrediente 성분, 재료
- el jamón 하몬
- el jugo/zumo de naranja 오렌지 주스
- la leche 우유
- el marisco 해산물
- la paella 파에야
- el pan de cortijo 크루통, 말린 작은 빵 조각
- la pasta 파스타
- las patatas/papas (fritas) 감자 (감자튀김)

Curso de español 1 - Inicial

el perrito caliente 핫도그
el pescado 생선
el pimiento 피망
el pollo (asado) 닭고기 (통닭구이)
el postre 후식
la quesadilla 퀘사디야
el queso 치즈
el refresco 청량음료
la sal 소금
el salmón 연어
el sándwich 샌드위치
la sopa 스프
el taco 타코
la tarta 케이크
el té 차
la tostada 토스트 빵
la trucha 송어
la vainilla 바닐라
el vaso 컵
el vinagre 식초
el vino (tinto, blanco, rosado, de la casa) 포도주 (적포도주, 백포도주, 로제 와인, 하우스 와인)
el yogur 요구르트
un diente (de ajo) (마늘) 한 쪽
un gramo de ~1그램
un kilo(gramo) de ~1킬로
una cucharada de ~한 스푼
de postre 후식으로
de primero 전식으로
de segundo 주요리로

los verbos | 동사

acabar de 막 ~하다
almorzar 점심 먹다
andar/montar en bicicleta 자전거 타다

cenar 저녁 먹다
chatear 채팅하다
desayunar 아침 먹다
gustar 좋아하다
hacer/practicar ejercicio 운동하다
ir al cine / al supermercado 영화관/슈퍼마켓에 가다
ir de compras 쇼핑 가다
jugar a los videojuegos 비디오 게임을 하다
merendar 간식 먹다
pasear 산보하다
pedir 요구하다, 주문하다
preferir 선호하다
tener la misma edad (que) ~와/과 나이가 똑같다
tocar (el piano, el violín, etc.) (피아노, 바이올린 등) 을/를 연주하다

más vocabulario | 기타

el flamenco 플라멩코 (춤)
el mensaje electrónico 문자 메시지
la música clásica 클래식 음악
el partido (de fútbol, de béisbol, etc.) (축구, 야구, 등) 경기
la película de terror 공포 영화
el periódico 신문
la piscina 수영장
la sucursal (은행) 지점
la telenovela 연속극
andaluz (스페인) 안달루시아 지방의
elegante 우아한
incomparable 비교 불가능한
increíble 믿을 수 없는
maduro/a 잘 익은
precioso/a 소중한
rápido/a 빠른, 신속한
sobre todo 특히
todo el día 하루 종일

GRAMÁTICA Y EJERCICIOS

1 현재형 불규칙 동사 I (el presente de indicativo: los verbos de cambio radical)

1. 어간 -e-의 이중 모음화: -e- → -ie-

pensar, querer, preferir와 같은 동사는 1인칭 복수형과 2인칭 복수형을 제외한 나머지 인칭에서 어간의 모음 -e-가 이중 모음 -ie-로 변하여 활용됩니다.

▶ pensar 생각하다

	단수	복수
1인칭	pienso	pensamos
2인칭	piensas	pensáis
3인칭	piensa	piensan

cerrar 닫다
empezar 시작하다
recomendar 추천하다

▶ querer 원하다, 사랑하다

	단수	복수
1인칭	quiero	queremos
2인칭	quieres	queréis
3인칭	quiere	quieren

entender 이해하다
encender 켜다
perder 잃다

▶ preferir 선호하다

	단수	복수
1인칭	prefiero	preferimos
2인칭	prefieres	preferís
3인칭	prefiere	prefieren

sentir 느끼다, 유감이다
advertir 경고하다
mentir 거짓말하다

Las vacaciones **empiezan** el próximo martes. 휴가는 다음 주 화요일부터야.
Cuando entro en casa, **enciendo** todas las luces. 나는 집에 들어가면 모든 불을 켠다.
Los estudiantes **prefieren** el fútbol al baloncesto. 학생들은 농구보다는 축구를 더 선호한다.

2. 어간 -o-의 이중 모음화: -o- → -ue-

recordar, poder, dormir와 같은 동사는 1인칭 복수형과 2인칭 복수형을 제외한 나머지 인칭에서 어간의 모음 -o-가 이중 모음 -ue-로 변하여 활용됩니다.

▶ recordar 기억하다

	단수	복수
1인칭	recuerdo	recordamos
2인칭	recuerdas	recordáis
3인칭	recuerda	recuerdan

contar 이야기하다, 수를 세다
mostrar 보여 주다
almorzar 점심 먹다

▶ **poder** ~할 수 있다

	단수	복수
1인칭	p**ue**do	podemos
2인칭	p**ue**des	podéis
3인칭	p**ue**de	p**ue**den

> volver 돌아오다, 돌아가다
> devolver 돌려주다, 반납하다
> mover 움직이다
> morder 물다

▶ **dormir** 자다

	단수	복수
1인칭	d**ue**rmo	dormimos
2인칭	d**ue**rmes	dormís
3인칭	d**ue**rme	d**ue**rmen

> morir 죽다

주의 jugar 동사는 어간의 모음 -u- 가 -ue-로 변하여 활용됩니다.

▶ **jugar** 놀다

	단수	복수
1인칭	j**ue**go	jugamos
2인칭	j**ue**gas	jugáis
3인칭	j**ue**ga	j**ue**gan

¿Cuántas veces a la semana **juegas** al tenis?
너는 일주일에 몇 번 테니스 치니?

Mañana te **devuelvo** este libro.
이 책 내일 돌려줄게.

En España mucha gente **duerme** la siesta en verano.
스페인에서는 많은 사람들이 여름에 낮잠을 잔다.

3. 어간 -e-가 -i-로 변화: -e- → -i-

pedir, servir, repetir와 같이 -ir로 끝난 동사에서 1인칭 복수형과 2인칭 복수형을 제외한 나머지 인칭에서는 어간의 모음 -e-가 -i-로 변하여 활용됩니다.

▶ **pedir** 부탁하다, 주문하다

	단수	복수
1인칭	p**i**do	pedimos
2인칭	p**i**des	pedís
3인칭	p**i**de	p**i**den

> servir 봉사하다, ~에 쓰이다
> repetir 반복하다
> seguir 따르다, 계속하다
> medir 재다, 길이/키가 ~이다

En este restaurante **sirven** una paella exquisita.
이 레스토랑에서는 기가 막힌 파에야를 제공한다.

¿Me **repite** Ud. esa frase?
제게 그 문장 좀 다시 말씀해 주실래요?

Yo **pido** de postre un helado de chocolate normalmente.
나는 후식으로 보통 초콜릿 아이스크림을 시킨다.

Ejercicio 1

다음의 각 그림 상황에서 해당하는 문장을 찾아 연결하세요.

1  •   • ⓐ   Vuelve a casa muy tarde.

2  •   • ⓑ   Duerme la siesta.

3  •   • ⓒ   Juegan al fútbol.

4  •   • ⓓ   Pide muchos platos.

Ejercicio 2

괄호 안의 동사를 문맥에 맞게 활용하여 써 보세요.

1 A ¿En qué _____ (pensar, tú) ahora?

    B _____ (Pensar) en el trabajo de mañana.

2 A ¿_____ (Cerrar, nosotros) las ventanas?

    B De acuerdo. Tú _____ (cerrar) aquellas ventanas y yo, estas.

3 A ¿Por qué no _____ (encender, tú) la luz? Está oscuro.

    B Vale, _____ (encender) ahora la luz.

4 A ¿Cuándo _____ (querer) viajar ustedes por Argentina?

    B _____ (Querer) viajar el año que viene.

다음의 동사를 이용하여 각각의 문장을 알맞게 활용하여 쓰세요.

> almorzar medir morder morir poder recordar

1. A ¿Dónde _____ los estudiantes universitarios normalmente?
   B Normalmente en el comedor de la universidad.

2. A ¿Cuándo _____ (tú) acabar el trabajo?
   B Mañana.

3. A ¿Este perro _____ a la gente?
   B No, en absoluto.

4. A ¿_____ (tú) nuestro viaje a Perú del año pasado?
   B Claro que sí.

5. A ¿Tienes mucha hambre ahora?
   B Sí, ahora _____ de hambre.

6. A ¿Cuánto _____ tu hermana?
   B Uno sesenta y cinco.

Ejercicio 4

괄호 안의 동사를 1인칭 단수형으로 활용하여 써 보세요.

Me llamo Carlos Montes. 1 _____ (Ser) de Estados Unidos. 2 _____ (Tener) veintitrés años. 3 _____ (Medir) uno ochenta y cinco y 4 _____ (pesar) setenta y ocho kilos. 5 _____ (Hacer) ejercicio dos horas todos los días y los fines de semana 6 _____ (jugar) al baloncesto con mis amigos. Normalmente 7 _____ (dormir) ocho horas. En el futuro 8 _____ (querer) ser jugador profesional de baloncesto.

2 간접 목적격 대명사 (los pronombres de complemento indirecto)

▶ ~에게

	단수	복수
1인칭	me 나에게	nos 우리에게
2인칭	te 너에게	os 너희에게
3인칭	le 그에게, 그녀에게, 당신에게, 그것에게	les 그들에게, 그녀들에게, 당신들에게, 그것들에게

(1) 간접 목적격 대명사는 '~에게'를 뜻하는 간접 목적어를 대신할 때 사용합니다.

A ¿Qué **les** sirve Ana a los invitados? 아나는 손님들에게 무엇을 제공하나요?
B **Les** sirve las comidas y las bebidas. 그녀는 그들에게 음식과 음료를 제공합니다.

(2) 모든 인칭에서 성의 구분이 없으며 3인칭 간접 목적격 대명사는 단수면 le, 복수면 les를 씁니다. 단 3인칭일 경우 지시 대상을 명확히 하기 위해 간접 목적격 대명사를 쓰고도 '전치사 a + 명사' 형태를 다시 한 번 더 쓰기도 합니다.

Les regalo estas flores **a mis padres**. 나는 이 꽃들을 부모님께 선물하려고 해.
¿**A quién le** dejas tu coche? 누구에게 네 차를 빌려주려고 하니?

(3) 간접 목적격 대명사는 주어와 동사 사이에, 부정문일 경우 no 뒤에 씁니다.

Yo **te** doy este regalo. 내가 네게 이 선물을 줄게.
Mi hermana no **le** quiere dar este juguete a su amiga.
내 여동생은 이 장난감을 자기 친구에게 주고 싶어 하지 않는다.

(4) 문장 내에서 간접 목적어나 간접 목적격 대명사를 필요로 하는 동사들이 있습니다.

dar ~에게 ~을/를 주다	llevar ~에게 ~을/를 가져다주다
decir ~에게 ~을/를 말해 주다	prestar ~에게 ~을/를 빌려주다
dejar ~에게 ~을/를 맡기다, 빌려주다	regalar ~에게 ~을/를 선물해 주다
devolver ~에게 ~을/를 되돌려 주다	traer ~에게 ~을/를 가지고 오다

Hijo, ¿me **traes** esa revista, por favor? 아들, 그 잡지 좀 내게 가져다줄래?
¿Por qué no le **dices** la verdad? Quiere saberla. 그에게 사실을 알려 주지 그래? 그는 그것을 알고 싶어해.
Nunca te voy a **prestar** el dinero. 결코 네게 돈을 안 빌려줄 거야.
¿Por qué no le **dejas** el juguete a tu amigo? 왜 너는 네 친구에게 장난감을 빌려주지 않니?
Te puedo **devolver** este libro mañana. 내가 너에게 이 책을 내일 돌려줄 수 있어.

Ejercicio 5

빈칸에 알맞은 간접 목적격 대명사를 넣어 문장을 완성하세요.

1 Siempre _____ pido al camarero un chocolate caliente en ese bar.

2 Juan, ¿_____ escribes a menudo correos electrónicos a tus padres?

3 ¿El profesor Hernández _____ da clases de inglés a ustedes?

4 Elena _____ lee muchos cuentos de hadas a sus niños.

5 ¿A quién _____ tenemos que entregar este informe?

6 A vosotros _____ van a traer muchos regalos los Reyes Magos.

Ejercicio 6

빈칸에 알맞은 간접 목적격 대명사를 넣어 완성해 보세요.

1 A ¿Me vas a regalar este fantástico coche?
   B Claro, _____ voy a regalar este coche.

2 A ¿A quiénes les quieres mandar estas tarjetas postales?
   B _____ quiero mandar a mis amigos estas postales.

3 A ¿Me puede dar usted su dirección?
   B Sí, _____ doy mi dirección ahora mismo.

4 A ¿Me repites esa frase? No te entiendo bien si hablas tan rápido.
   B Claro que sí, hombre. _____ repito la frase.

5 A ¿Qué me vas a comprar en nuestro aniversario de boda?
   B _____ voy a comprar un anillo de diamantes.

3 gustar 동사 (el verbo 'gustar')

(1) '~은/는 ~을/를 좋아한다'를 스페인어로 표현할 때 gustar 동사를 사용합니다. 이 때, '좋아하는 사람'을 간접 목적어로, '좋아하는 대상'을 문법적인 주어로 씁니다.

간접 목적어 (~은/는)		동사 (좋아하다)	문법적 주어 (~을/를)
(A mí)	me		el cine español.
(A ti)	te	gusta	cocinar.
(A él, a ella, a usted, a Juan)	le		cantar y bailar.
(A nosotros/as)	nos		
(A vosotros/as)	os	gustan	las canciones españolas.
(A ellos, a ellas, a ustedes, a mis padres)	les		el fútbol y el tenis.

(A mí) me **gusta** el cine español. (O) 나는 스페인 영화를 좋아한다.
Yo gusto el cine español. (X)

(A él) no le **gusta** bailar salsa. (O) 그는 살사 춤을 추는 것을 좋아하지 않는다.
Él no gusta bailar salsa. (X)

A Emilio le **gustan** el fútbol y el tenis. (O) 에밀리오는 축구와 테니스를 좋아한다.
Emilio gusta el fútbol y el tenis. (X)

(A nosotros) no nos **gustan** las canciones españolas. (O) 우리는 스페인 노래를 좋아하지 않는다.
Nosotros no gustamos las canciones españolas. (X)

(2) gustar와 같은 동사에서는 간접 목적격 대명사 me, te, le, nos, os, les는 절대로 생략할 수 없습니다. 반면에 좋아하는 사람을 분명하게 해 주거나 강조하기 위해 간접 목적어 a mí, a ti, ..., a ustedes, a Emilio, '전치사 a + 명사'를 간접 목적격 대명사와 중복해서 쓸 수는 있습니다.

¿(A ti) te gusta la música clásica? (O) 너는 클래식 음악 좋아하니?
¿A ti gusta la música clásica? (X)

A mis hermanos les gustan las frutas. (O) 우리 형제들은 과일을 좋아한다.
A mis hermanos gustan las frutas. (X)

(3) 자신의 취향을 말한 뒤 상대방에게도 동일한 기호가 있는지를 물을 때 ¿y tú?가 아니라 간접 목적어 ¿y a ti?를 씁니다. 대답할 때도 Yo también이 아닌 A mí también을 사용합니다.

A Me gusta mucho el chocolate. **¿Y a ti?** 난 초콜릿을 좋아해. 너는?
B **A mí** también. 나도 마찬가지야.

> **심화 학습**
>
> gustar 동사와 같은 용법으로 쓰이는 동사는 스페인어에 꽤 많습니다. 그 대표적인 동사로는 encantar(무척 좋아하다), interesar(관심 갖다), apetecer(탐내다, 원하다), fascinar(매혹되다), fastidiar(지긋지긋하다) 등이 있습니다.
>
> ¿Qué te **apetece** hacer ahora? 너 지금 뭐 하고 싶어?
> En este momento solo me **interesan** el trabajo y el dinero. 지금 이 순간에 나는 일과 돈에만 관심 있어.
> A Ana le **encanta** el K-pop. 아나는 K-pop을 엄청 좋아한다.
> Nos **fascina** aprender flamenco. 우리는 플라멩코 배우는 거 무척 좋아해.
> Nos **fastidian** los ruidos de nuestros vecinos. 우리는 층간 소음 때문에 괴로워.

Ejercicio 7

빈칸에 알맞은 간접 목적격 대명사와 gustar 동사를 활용하여 문장을 완성해 보세요.

> **보기**
>
> ¿A vosotros os gustan los conciertos?

1 ¿Qué _____ _____ a tus hijos?
2 A Juan y a Pedro _____ _____ las novelas españolas.
3 ¿A ti también _____ _____ el béisbol?
4 A mis padres _____ _____ la música clásica y a mí _____ _____ el bolero y la salsa.
5 ¿A quién _____ _____ las películas coreanas?
6 ¿A ellas no _____ _____ la clase de baile?
7 A mí _____ _____ mucho tú.
8 A nosotros _____ _____ cantar y bailar.

Ejercicio 8

빈칸에 알맞은 간접 목적격 대명사와 괄호 안의 동사를 활용하여 문장을 완성해 보세요.

> **보기**
> A ¿A tu padre le gustan (gustar) las corridas de toros?
> B No, no le gustan (gustar) las corridas de toros.

1. A ¿_____ _____ (interesar) a vosotros los libros de historia?
   B Sí, _____ _____ (interesar) mucho.

2. A ¿Qué _____ _____ (gustar) a ustedes hacer los fines de semana?
   B _____ _____ (gustar) salir con amigos para tomar unas copas.

3. A ¿A ti _____ _____ (gustar) las flores?
   B Sí, _____ _____ (encantar).

4. A ¿_____ _____ (apetecer) a usted unas galletas con leche caliente?
   B Sí, gracias.

5. A ¿A ellos no _____ _____ (fastidiar) las clases de Álgebra?
   B No, en absoluto. _____ _____ (encantar).

Ejercicio 9

빈칸에 알맞은 간접 목적격 대명사를 넣어 완성하세요.

A mí **1** _____ encanta el tequila, pero a ti no **2** _____ gusta. A Julia tampoco. A ella solo **3** _____ gusta el vodka, pero a mis primos y a mí no **4** _____ gusta. A mis primos **5** _____ gustan todas las bebidas alcohólicas menos el vodka. A todos nosotros **6** _____ gusta el vino.

140 Curso de español 1 - Inicial

LECCIÓN 7

¿Qué tiempo hace hoy?

TEMAS
- Los meses y las estaciones
- El tiempo
- Los días festivos
- Las tareas domésticas

FUNCIONES
- Identificar los días festivos en el calendario
- Describir el tiempo
- Hablar de las actividades típicas de cada estación
- Expresar la obligación

GRAMÁTICA
- El presente de indicativo: los verbos de 'yo' irregular
- 'a' como marca de complemento direto de persona
- Los pronombres de complemento directo
- Los verbos de obligación y necesidad

TEMAS Y ACTIVIDADES

TEMA 1 — Los meses y las estaciones

PISTA 034

A ¿Cuándo es tu cumpleaños?
B Es el primero de octubre.

● Las estaciones

la primavera

el verano

el otoño

el invierno

Actividad 1

Exprese las siguientes fechas en español.

Vocabulario útil	
enero	julio
febrero	agosto
marzo	septiembre
abril	octubre
mayo	noviembre
junio	diciembre

Actividad 2

Mire el calendario de este año y diga en qué día de la semana cae cada fecha.

Modelo

A ¿En qué día de la semana cae <u>el 9 de este mes</u>?
B En <u>viernes</u>.

Vocabulario útil
lunes
martes
miércoles
jueves
viernes
sábado
domingo

1. el 1 de este mes
2. el 27 de este mes
3. el último día de este mes
4. el 5 del próximo mes
5. el 14 del próximo mes
6. tu cumpleaños

LECCIÓN 7

Relacione cada estación con sus actividades típicas.

> **Modelo**
> En <u>verano</u>, <u>buceamos, nadamos en el mar y tomamos sol</u>.

acampar	bucear
comer afuera	dar una vuelta / pasear
esquiar	hacer un muñeco de nieve
jugar al baloncesto (a las cartas, ...)	montar/andar en bicicleta
nadar en el mar	no salir de casa
patinar sobre el hielo	salir afuera
tomar sol	

primavera	verano	otoño	invierno

TEMA 2 — El tiempo

PISTA 035

- A ¿Qué tiempo hace hoy?
- B Hace buen tiempo.
- A ¿Cuál es la temperatura máxima de hoy?
- B Veintiún grados.

● **El tiempo**

Hace (mucho) calor.

Hace (mucho) frío.

Más vocabulario
Hace (muy) buen tiempo.
Hace (muy) mal tiempo.
Hace (mucho) fresco.
Hace (mucho) viento.
Está (muy) despejado.
Hay tormenta.
Hay relámpagos y truenos.
Hay (mucha) niebla.

Hace (mucho) sol.

Está (muy) nublado.

Llueve (mucho).

Nieva (mucho).

LECCIÓN 7

Actividad 4

Pregúntele a un/a compañero/a sobre su cumpleaños.

1   ¿Cuál es la fecha de tu cumpleaños?

2   ¿En qué estación cae? ¿Y qué tiempo hace normalmente?

3   En general, ¿cómo y con quién lo celebras?

4   ¿Qué regalo quieres recibir en tu cumpleaños?

5   ¿Qué canción cantan para felicitarte?

Actividad 5

Mencione la estación y describa el tiempo en las siguientes ciudades del mundo.

Modelo

En Seúl, Corea, en octubre, hace sol y hace viento; es otoño.

Ciudad, País	Mes	Tiempo	Estación
Seúl, Corea	octubre	Hace sol y hace viento.	otoño
Nueva York, EEUU	diciembre		
Buenos Aires, Argentina	julio		
Santiago, Chile	febrero		

Actividad 6

Pregúntele a un/a compañero/a qué hace en las siguientes situaciones climatológicas como en el modelo.

> **Modelo**
>
> A ¿Qué haces tú cuando hace mal tiempo?
> B Cuando hace mal tiempo, no salgo de casa y escucho música.

1 ¿Qué haces tú cuando llueve?
2 ¿Qué hace tu familia cuando hace buen tiempo?
3 ¿Qué hacen los coreanos cuando hace calor?
4 ¿Qué hacen los niños cuando nieva?
5 ¿Qué hacen tus amigos cuando está muy nublado?

Actividad 7

Diga qué tiempo hace en las siguientes situaciones.

> **Modelo**
>
> La gente lleva suéter, pantalones y abrigo de lana cuando hace frío.

1 Juan lleva traje de baño, sandalias y gafas de sol.
2 Marta lleva guantes, gorro tejido y bufanda.
3 Roberto lleva impermeable, botas y paraguas.
4 Las chicas llevan minifalda y camiseta sin mangas.
5 Ana lleva blusa, falda y gabardina.

Actividad 8

Escuche el siguiente pronóstico del tiempo e indique si las siguientes afirmaciones son verdaderas (V) o falsas (F).

PISTA 036

		V	F
1	Hace calor en San Pablo.	☐	☐
2	En Buenos Aires, hace fresco y sol.	☐	☐
3	En La Habana va a hacer sol toda la tarde.	☐	☐
4	En Miami la temperatura máxima es de 28°C.	☐	☐

 Los días festivos

PISTA 037

A ¿Cuándo es la Nochevieja?
B Es el treinta y uno de diciembre.
A ¿Cómo la celebráis en tu país?
B En mi país, España, tomamos doce uvas a las 12.

● Los días festivos

la Nochevieja

la Navidad

la Semana Santa

el Día de Todos los Santos, el Día de los Muertos

el Día de los Reyes Magos

el Día de la Independencia de Corea

Más diás festivos		
el Día de Año Nuevo	la Nochebuena	la Pascua
el Día de los Inocentes	el Día de San Valentín	el Día del Niño

Actividad 9

Indique cuándo celebran los siguientes días en su país.

Modelo

A ¿Cuándo se celebra el día de San Valentín?
B Se celebra el 14 de febrero.

1. el Día de la Independencia
2. el Día del Niño
3. el Día de Año Nuevo
4. el Día de los Inocentes
5. la Navidad

Actividad 10

Indique qué día festivo le corresponde a la siguiente definición.

Modelo

A ¿Cuál es el día en el que las personas se hacen bromas, sobre todo, entre los jóvenes?
B Es el Día de los Inocentes.

1. el día en el que celebramos el nacimiento de Jesús Cristo
2. el día en el que los católicos visitan el cementerio llevando flores a las tumbas de los difuntos
3. el día en el que la gente expresa su amor hacia su pareja a través de regalos o cartas
4. el día en el que la gente prepara mucha comida y bebida para recibir el año nuevo con los seres queridos
5. el emocionante día en el que los niños de algunos países hispanohablantes reciben regalos.

4 Las tareas domésticas

PISTA 038

A Uy... La casa está muy sucia. Tenemos que limpiarla.
B Vale. Pues, yo lavo los platos.
A Bueno. ¿Y qué hago yo?
B ¿Quieres pasar la aspiradora, por favor?
A Claro, no hay problema.

Actividad 11

Relacione las siguientes imágenes con las tareas domésticas correspondientes.

1

4

- tirar/sacar la basura
- fregar el suelo
- preparar la comida
- lavar los platos
- pasar la aspiradora
- planchar la ropa

2

5

3

6

Actividad 12

Elija la respuesta correcta en cada situación.

Modelo
- El piso está sucio.
  - [✓] Tienes que pasar la aspiradora.
  - [ ] No tienes que pasar la aspiradora.

1. El gato tiene mucha hambre.
   - [ ] Tienes que darle de comer al gato.
   - [ ] No tienes que darle de comer al gato.

2. Llueve mucho.
   - [ ] Tienes que cerrar las ventanas.
   - [ ] No tienes que cerrar las ventanas.

3. Hace muy buen tiempo hoy.
   - [ ] Tienes que llevar paraguas.
   - [ ] No tienes que llevar paraguas.

4. El cuarto está muy desordenado.
   - [ ] Tienes que ordenar el cuarto.
   - [ ] No tienes que ordenar el cuarto.

5. Mañana es el día de los Reyes Magos.
   - [ ] Tienes que preparar los regalos para tus niños.
   - [ ] No tienes que preparar los regalos para tus niños.

6. Hoy no tengo clase.
   - [ ] Tienes que ir a la escuela.
   - [ ] No tienes que ir a la escuela.

VOCABULARIO Y EXPRESIONES

los meses y las estaciones | 달 명과 계절 명

- la primavera 봄
- el verano 여름
- el otoño 가을
- el invierno 겨울
- enero 1월
- febrero 2월
- marzo 3월
- abril 4월
- mayo 5월
- junio 6월
- julio 7월
- agosto 8월
- septiembre 9월
- octubre 10월
- noviembre 11월
- diciembre 12월
- el calendario 달력
- la fecha 날짜
- ¿Cuál es la fecha de ...? ~의 날짜가 며칠인가요?
- ¿A cuántos estamos (hoy)? (오늘) 며칠인가요?
- ¿Qué día (de la semana) es (hoy)? (오늘) 무슨 요일이니?

el tiempo | 날씨

- ¿Qué tiempo hace (hoy)? (오늘) 날씨 어떤가요?
- Hace (muy) buen tiempo 날씨가 (매우) 좋다
- Hace (muy) mal tiempo 날씨가 (매우) 나쁘다
- Hace (mucho) calor 날씨가 (매우) 덥다
- Hace (mucho) frío 날씨가 (매우) 춥다
- Hace (mucho) fresco 날씨가 (매우) 시원하다
- Hace (mucho) viento 바람이 (많이) 분다
- Hace (mucho) sol 날씨가 (매우) 맑다
- Está despejado 하늘이 청명하다
- Está (muy) nublado 날씨가 (매우) 흐리다
- Llueve (mucho, un poco) 비가 (많이, 약간) 오다
- Llueve poco 비가 거의 오지 않다
- Nieva (mucho, un poco) 눈이 (많이, 약간) 오다
- Nieva poco 눈이 거의 오지 않다
- Hay tormenta 폭풍우가 있다
- Hay relámpagos 번개 치다
- Hay truenos 천둥 치다
- Hay (mucha) niebla 안개가 (많이) 끼다
- ¿Cuál es la temperatura máxima/mínima? 최고/최저 온도가 몇 도입니까?
- el pronóstico (del tiempo) (기상) 예보

la ropa | 옷

- la camiseta sin mangas 민소매 티셔츠
- la gabardina 트렌치코트, 레인코트
- el gorro tejido 털모자
- los guantes 장갑
- el impermeable 우비, 레인코트
- la lana 양모
- la minifalda 미니스커트
- el paraguas 우산
- las sandalias 샌들
- el suéter, el jersey 스웨터

los días festivos | 공휴일

- el Día de Año Nuevo 새해 첫날
- el Día de Todos los Santos 만성절

el Día de la Independencia 독립 기념일
el Día de San Valentín 발렌타인데이
el Día de los Inocentes 만우절
el Día de los Muertos 망자의 날
el Día del Niño 어린이날
el Día de los Reyes Magos 동방 박사의 날
la Navidad 성탄절
la Nochebuena 성탄절 이브
la Nochevieja 섣달그믐 날 밤
la Pascua 부활절
la Semana Santa 성주간 (부활절 전의 일주일)

las tareas domésticas | 가사일

arreglar 정리하다, 수리하다
dar(le) de comer a~ ~에게 먹이를 주다
tirar/sacar la basura 쓰레기를 버리다
fregar el suelo 바닥을 닦다
lavar los platos 설거지하다
limpiar 청소하다
pasar la aspiradora 청소기 돌리다
planchar la ropa 다리미질하다
preparar la comida 식사를 준비하다

los verbos | 동사

acampar 캠핑하다
bucear 잠수하다
celebrar 기념하다, 축하하다
comer afuera 외식하다
cumplir ~años
~번째 생일을 맞이하다, 만으로 ~살을 채우다
dar una vuelta 산책하다
felicitar 축하하다
hacer un muñeco de nieve 눈사람 만들다
jugar al baloncesto (a las cartas...)
농구 (카드놀이)하다
patinar sobre el hielo 아이스 스케이팅하다

salir afuera 외출하다
visitar 방문하다

más vocabulario | 기타

la atención 주의, 주목
la broma 농담, 장난
la canción 노래
el Caribe 카리브해
la carta 편지
el/la católico/a 카톨릭 신자
el cementerio (공동)묘지
el difunto 고인, 죽은 사람
el nacimiento 출생, 탄신
la noticia 뉴스, 소식
los seres queridos 사랑하는 사람들
la tumba 무덤, 묘
emocionante 감격적인
hermoso/a 아름다운
hispanohablante 스페인어를 사용하는 문화권의 (혹은 그런 사람)
ocasionalmente 때때로
próspero/a 번영하는
último/a 마지막의

GRAMÁTICA Y EJERCICIOS

1 현재형 불규칙 동사 II
(el presente de indicativo: los verbos de 'yo' irregular)

(1) 1인칭 단수형에서는 불규칙 변화를 하고 나머지 인칭에서는 규칙 변화를 하는 동사들은 다음과 같습니다.

hacer 하다	ha**go**	haces	hace	hacemos	hacéis	hacen
poner 놓다	pon**go**	pones	pone	ponemos	ponéis	ponen
salir 나가다	sal**go**	sales	sale	salimos	salís	salen
traer 가져오다	trai**go**	traes	trae	traemos	traéis	traen
ver 보다	v**eo**	ves	ve	vemos	veis	ven
dar 주다	d**oy**	das	da	damos	dais	dan
saber (정보를) 알다	s**é**	sabes	sabe	sabemos	sabéis	saben

A Ana, ¿qué **haces** los domingos? 아나, 너 일요일에는 주로 뭐 하니?
B **Hago** la tarea. 나는 숙제를 해.

A ¿**Sabes** el número de teléfono de Mario? 마리오 전화번호 알아?
B No lo **sé**. 몰라.

Los niños **ponen** la televisión. 아이들은 텔레비전을 켠다.

Pongo la ropa en el armario. 나는 옷장에 옷을 넣는다.

Salgo a comer con mis padres. 나는 부모님과 식사하러 나간다.

El reportero **sale** con una cámara. 리포터가 카메라를 들고 나간다.

José **trae** una mochila. 호세가 배낭을 가지고 온다.

¿Qué te **traigo**, vino o cerveza? 네게 뭐 가져다줄까? 포도주 아니면 맥주?

No **veo** la televisión ahora. 난 지금 텔레비전을 보지 않는다.

Los viernes por la tarde **doy** clases particulares. 나는 금요일마다 오후에 과외 수업을 한다.

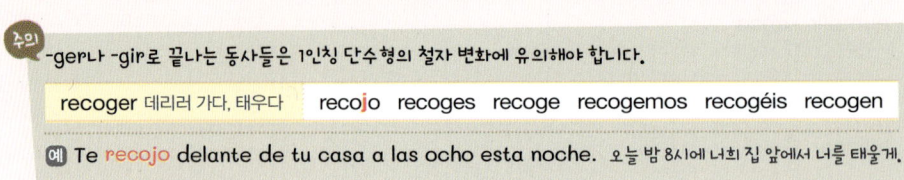

주의 -ger나 -gir로 끝나는 동사들은 1인칭 단수형의 철자 변화에 유의해야 합니다.

| recoger 데리러 가다, 태우다 | reco**j**o | recoges | recoge | recogemos | recogéis | recogen |

예 Te reco**j**o delante de tu casa a las ocho esta noche. 오늘 밤 8시에 너희 집 앞에서 너를 태울게.

(2) 1, 2인칭 복수형을 제외한 인칭에서 불규칙성을 나타내는 동사들은 다음과 같습니다.

tener 가지다	tengo	tienes	tiene	tenemos	tenéis	tienen
decir 말하다	digo	dices	dice	decimos	decís	dicen
venir 오다	vengo	vienes	viene	venimos	venís	vienen
oír 듣다	oigo	oyes	oye	oímos	oís	oyen

A ¿De dónde **vienes**? 어디에서 오는 길이니?
B **Vengo** del trabajo. 직장에서 오는 길이야.

Hoy **tengo** que dar una clase particular. 오늘은 나는 과외 수업을 해야 한다.
Nunca te **digo** mentiras. 나는 너한테 절대로 거짓말 안 해.
El experto **dice** la respuesta. 전문가가 답을 말한다.
No te **oigo** bien. 네 목소리가 잘 안 들려.

Ejercicio 7

주어에 맞게 주어진 동사를 활용하여 문장을 완성해 보세요.

1. Yo _____ (dar) una vuelta por la vecindad todas las tardes.
2. Tú no _____ (hacer) la cama.
3. Yo _____ (poner) la ropa en el armario.
4. Nosotros no _____ (saber) dónde estamos.
5. Mario y Andrés _____ (salir) del aula corriendo.
6. Yo _____ (ver) la televisión cada noche.
7. El niño _____ (tener) nueve años.
8. ¿No _____ (venir) vosotros a la reunión mañana?
9. ¿Adónde _____ (ir) tu familia estas vacaciones de invierno?
10. La señora Fuentes no _____ (oír) bien.

Ejercicio 2

빈칸에 주어진 동사를 알맞게 활용하여 대화를 완성해 보세요.

Inés   Oye, Mina, ¿qué **1** _____ (hacer) hoy?

Mina   Ahora estudio español, pero **2** _____ (salir) con mi novio por la noche. Vamos al cine. Dicen que la nueva película de Guillermo del Toro es buena. ¿Y tú y tu novio? ¿Qué **3** _____ (hacer) vosotros esta noche?

Inés   Mi novio Jorge **4** _____ (tener) que hacer las maletas, puesto que **5** _____ (salir) para Lisboa por su trabajo mañana. No **6** _____ (saber) qué **7** _____ (ir) a hacer yo esta noche.

Mina   Pues, **8** _____ (suponer) que tú **9** _____ (poder) ver la televisión o venir con nosotros.

Inés   ¡Qué va! No quiero molestaros. Mejor me quedo en casa y **10** _____ (dormir) temprano.

Ejercicio 3

〈보기〉와 같이 질문에 맞는 대답을 써 보세요.

> **보기**
>
> A   ¿Traes tu diccionario a clase siempre?
> B   No, no traigo mi diccionario a clase siempre.

1   A   ¿Siempre dices la verdad?
      B   _____

2   A   ¿Cuántas horas ves la televisión al día?
      B   _____

3   A   ¿Oyes la radio cuando estudias?
      B   _____

4   A   ¿Hacen Uds. los ejercicios del libro de texto todos los días?
      B   _____

5   A   ¿Sabes cuándo tenemos el examen final de esta clase?
      B   _____

2 직접 목적어가 사람일 때 쓰는 전치사 'a'
('a' como marca de complemento directo de persona)

(1) 주어의 행위를 직접적으로 받는 사물이나 사람을 가리켜 직접 목적어(complemento directo)라 하며 직접 목적어를 지니는 동사를 타동사(verbo transitivo)라고 합니다.

Ana escucha la radio. 아나는 라디오를 듣는다.
타동사 직접 목적어(사물)

(2) 주어의 행위를 직접적으로 받는 대상이 사람일 경우, 주어와 구별하기 위하여, 직접 목적어 앞에 전치사 a를 넣어 표시합니다.

Ana escucha a la profesora. 아나는 선생님(말씀)을 경청한다.
타동사   직접 목적어(사람)

Ejercicio 4

다음 문장에서 직접 목적어 앞에 전치사 a가 필요한 경우를 찾아 쓰세요.

1 Oigo _____ el concierto.
2 No puedo comprender _____ mi profesor.
3 No conozco _____ nadie.
4 Tengo _____ dos hijos y una hija.
5 Llevo _____ mi hermano menor a la escuela cada viernes.

Ejercicio 5

〈보기〉와 같이 문장 내 직접 목적어 부분에 밑줄을 그어 보세요.

> **보기**
> Mis padres escuchan las noticias de la radio por la mañana.

1 Los campesinos recogen la cosecha.
2 Pedro escucha al profesor de Historia.
3 No sé tu número de teléfono.
4 Nunca me decís la verdad.
5 Los padres les dan regalos a sus niños.

3 직접 목적격 대명사 (los pronombres de complemento directo)

	단수	복수
1인칭	me 나를	nos 우리를
2인칭	te 너를	os 너희를
3인칭	lo, la 그를, 그녀를, 당신을, 그것을	los, las 그들을, 그녀들을, 당신들을, 그것들을

(1) 직접 목적격 대명사는 '~을/를'을 뜻하는 직접 목적어를 대신할 때 사용합니다.

    A ¿**Me** quieres? 나 사랑하니?
    B Sí, **te** quiero mucho. 그럼, 너를 많이 사랑하지.

      Os extrañamos mucho. 우리는 너희를 많이 그리워해.

(2) 간접 목적격 대명사와 달리 직접 목적격 대명사는 3인칭의 경우 성의 구별이 있습니다. 위치는 활용된 동사 바로 앞에, 그리고 부정문일 경우 no 뒤에 씁니다.

    A ¿Lees **la revista**? 너 잡지 읽니?
    B Sí, **la** leo. / No, no **la** leo. 응, (그것을) 읽어. / 아니, (그것을) 안 읽어.

    A ¿Sirven flan aquí? 여기서 푸딩을 제공하나요?
    B Sí, **lo** sirven. / No, no **lo** sirven. 네, 그것을 제공합니다. / 아니요, 그것을 제공하지 않습니다.

(3) 두 개 이상의 동사로 구성된 구문에 직접 목적격 대명사가 쓰일 경우, 활용된 첫 번째 동사 앞에 쓰거나 동사 원형 뒤에 바로 붙여서 씁니다.

    A ¿Quieres tomar este refresco? 너 이 음료수를 마시고 싶니?
    B Sí, **lo** quiero tomar. / Sí, quiero tomar**lo**. 응, (그것을) 마시고 싶어.

    A ¿Cómo prefieres el jugo? 너는 이 주스를 어떻게 마시는 게 좋아?
    B **Lo** prefiero bien frío, por favor.
       그걸 아주 차갑게 먹길 원해, 부탁해.

심화 학습

스페인어권 일부 지역에서는 직접 목적격 대명사가 가리키는 대상이 3인칭 단수 남성인 사람일 때, lo 대신 간접 목적격 대명사인 le를 쓰는 경향이 종종 있습니다. 이러한 현상을 'leísmo'라 부릅니다.

  A ¿Ves a Juan a menudo?
    너 후안 자주 보니?
  B Sí, acabo de ver**le**. (O)
    방금 걔 봤는데.
    Sí, acabo de ver**lo**. (O)

주의 단, 동사 원형이 전치사 뒤에 올 때, 직접 목적격 대명사는 동사 원형 바로 뒤에만 붙여 씁니다.

  A Mamá, quiero ver la televisión ahora.
    엄마, 지금 TV 보고 싶어요.
  B Antes de ver**la**, tienes que hacer la tarea.
    (그것을) 보기 전에 숙제를 먼저 해야 한다.

Ejercicio 6

〈보기〉와 같이 직접 목적격 대명사를 사용하여 질문에 알맞은 대답을 써 보세요.

> **보기**
> A ¿Haces la cama todos los días?
> B Sí, la hago todos los días. / No, no la hago todos los días.

1. A ¿Lavas los platos después de comer?
   B _____

2. A ¿Tomas el autobús para ir a la universidad?
   B _____

3. A ¿Tomas café cuando tienes sueño?
   B _____

4. A ¿Envías mensajes de texto con mucha frecuencia?
   B _____

Ejercicio 7

〈보기〉와 같이 직접 목적격 대명사를 사용하여 주어진 문장을 다시 써 보세요.

> **보기**
> Los niños deben hacer la cama todos los días.
> → Los niños deben hacerla todos los días. / Los niños la deben hacer todos los días.

1. Rocío va a preparar una fiesta sorpresa para su mejor amiga.
   → _____

2. Beatriz quiere tomar un helado.
   → _____

3. ¿Puedes recoger a Jaime al venir a la casa de Rocío?
   → _____

4. Su madre prefiere hacer ejercicio por la tarde.
   → _____

4 의무와 필요 표현 (los verbos de obligación y necesidad)

(1) **tener que + 동사 원형**: 의무나 필요를 나타내는 표현으로 '~해야 한다' 또는 '~할 필요가 있다'라는 뜻입니다. 반대로 '~할 필요가 없다'라는 표현은 부정어 no를 써서 'no tener que + 동사 원형'으로 나타냅니다.

Todos los estudiantes **tienen que** ver la película esta tarde.
모든 학생들이 오늘 오후에 영화를 봐야만 합니다.

Tengo que entregar la tarea a la profesora Yang.
나는 양 교수님께 과제를 제출해야만 합니다.

Mañana no **tienes que** ir a la escuela, porque no hay clase.
내일 수업이 없으니까 너는 학교에 갈 필요가 없어.

(2) **deber + 동사 원형**: 의무를 나타내며, '~해야 한다'는 뜻입니다. 반면에 'no deber + 동사 원형'은 금지를 뜻합니다.

A ¿Qué **deben** hacer Uds.? 당신들은 무엇을 해야만 합니까?
B Nosotros **debemos** salir pronto. 우리는 곧 떠나야 합니다.

Debo irme porque ya es demasiado tarde. 나 가야 해, 이미 너무 늦었잖아.
Hijos, no **deben** comer comida chatarra. 얘들아, 불량 식품을 먹어서는 안 돼.

(3) **hay que + 동사 원형**: 무인칭 표현이며, 특정인이 아닌 누구에게나 적용되는 의무나 필요를 나타냅니다.

Hay que tener paciencia. 인내심을 가져야 합니다.
Hay que trabajar mucho para tener éxito. 성공하기 위해서는 많이 일해야 합니다.
Hay que ayudar a las personas mayores. 어르신들을 도와드려야 합니다.
No **hay que** tirar basura. 쓰레기를 버리면 안 됩니다.

Ejercicio 8

빈칸에 알맞은 형태의 tener que를 넣어 문장을 완성해 보세요.

1 Los sábados nosotros _____ jugar al fútbol con nuestros amigos.

2 Yo _____ salir de casa muy temprano.

3 Carmen y Andrea _____ preparar las bebidas para la fiesta.

4 Juan, ¿qué _____ hacer esta noche?

5 Usted _____ trabajar después de las clases.

6 Vosotros _____ ir al supermercado para comprar legumbres.

Ejercicio 9

빈칸에 알맞은 형태의 deber 동사를 넣어 문장을 완성해 보세요.

1 ¿Qué _____ hacer ustedes durante este verano?

2 Nosotros _____ ir a Francia.

3 Juan no _____ ver la televisión esta noche.

4 Tú _____ hacer la tarea para la clase de español.

5 Yo _____ limpiar mi cuarto.

6 Vosotros _____ recoger a mi amigo.

Ejercicio 10

tener que 혹은 hay que 중 알맞은 동사 활용형을 써서 문장을 완성하세요.

1 Lo siento, _____ irme.

2 Te veo muy mal, _____ ir al médico.

3 En caso de robo, _____ llamar a la policía.

4 Para ir al extranjero, _____ obtener un visado.

5 No podemos acompañarte, puesto que _____ quedarnos en casa hoy.

6 Para mantener la salud _____ comer equilibradamente.

Ejercicio 11

미술관에서 해야 하는 일과 하지 말아야 할 일을 'hay que + 동사 원형'을 사용해서 쓰세요.

보기

- hablar bajo
  → Hay que hablar bajo dentro de las salas.

- sacar una foto
  → No hay que sacar fotos dentro de las salas.

1 caminar despacio

   → _____

2 tocar las obras de arte

   → _____

3 usar el teléfono móvil en las salas

   → _____

4 hacer cola

   → _____

5 introducir bebidas y comidas a las salas

   → _____

6 dejar las mochilas en la consigna

   → _____

LECCIÓN 8

¿A qué hora te levantas?

TEMAS
- La hora
- Mi rutina diaria
- Los seres queridos

FUNCIONES
- Dar la hora
- Describir un día típico
- Modo de saludar y relaciones interpersonales

GRAMÁTICA
- La expresión de la hora
- El verbo 'tardar' vs. el verbo 'durar'
- Los pronombres reflexivos y los verbos reflexivos
- El 'se' recíproco

TEMAS Y ACTIVIDADES

TEMA 1 La hora

PISTA 039

A ¿Qué hora es?
B Son las dos y diez.
A ¿A qué hora tienes la clase de español?
B La tengo a las tres y media.
A ¿Cuánto tiempo dura la clase?
B Dura cincuenta minutos.

- **La hora**

Más vocabulario
de la mañana / de la tarde
de la noche / en punto
cuarto / media / y / menos
a mediodía / a medianoche

Actividad 1

Lea la hora de cada reloj.

1   2   3   4

5   6   7   8

Actividad 2

Escuche y dibuje el reloj.

PISTA 040

1   2   3   4

Actividad 3

Hable con su compañero/a sobre las clases de este semestre.

1. ¿Qué asignaturas tomas este semestre?
2. ¿A qué hora empieza tu clase de español? ¿Y a qué hora termina?
3. ¿Desde qué hora y hasta qué hora tienes clases hoy?
4. Después de las clases, ¿a qué hora llegas a casa normalmente?
5. ¿Cuánto tiempo se tarda de la universidad a tu casa?
6. ¿Cuántas horas estudias al día?
7. ¿Dónde estudias normalmente? ¿Por qué?
8. ¿Cuándo te gusta estudiar más, por la mañana, por la tarde o por la noche?

Actividad 4

Escuche el siguiente diálogo e indique si las siguientes afirmaciones son verdederas (V) o falsas (F).

PISTA 041

		V	F
1	La pareja va a ir de viaje hoy.	☐	☐
2	Ellos van a tomar un avión.	☐	☐
3	El vuelo sale a las once y media.	☐	☐
4	Se tarda una hora de su casa al aeropuerto.	☐	☐
5	Van a salir de casa mañana a las siete.	☐	☐

2 Mi rutina diaria

Me despierto a las siete.

Me levanto enseguida.

Me ducho en un cuarto de hora.

Me seco el pelo.

Me peino.

Me maquillo rápidamente.

Desayuno cereales con leche.

Me cepillo los dientes.

Salgo de mi casa a las ocho menos diez.

Asisto a las clases de la universidad.

Almuerzo con mis amigos.

Después de las clases vuelvo a mi casa.

Ceno con mi familia.

Me lavo la cara y los dientes.

Me acuesto a las doce.

LECCIÓN 8

Actividad 5

Hable de su rutina diaria con su compañero/a.

> **Modelo**
>
> A ¿A qué hora te levantas?
>
> B Me levanto a las siete normalmente.

1 ¿A qué hora te levantas?
2 ¿Te duchas por la mañana o por la noche?
3 ¿Te lavas el pelo todos los días? / ¿Te afeitas todas las mañanas?
4 ¿A qué hora desayunas? ¿Qué desayunas?
5 ¿Qué sueles hacer por la mañana?
6 ¿A qué hora almuerzas? ¿Con quiénes?
7 ¿A qué hora cenas normalmente? ¿Con quiénes?
8 ¿Qué haces después de cenar?
9 ¿A qué hora te acuestas?

Actividad 6

Diga qué hace cada uno por la mañana.

> afeitarse   cepillarse los dientes   desayunar
> maquillarse   ponerse la ropa   secarse el pelo

1

Papá _____

2

Mamá _____

3
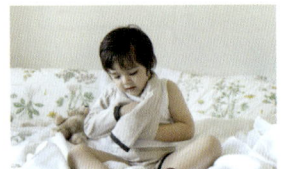
Mi hermano menor
_____

4

Mi hermana mayor
_____

5

Mi tía _____

6

Mi perro _____

Actividad 7

Escuche y relacione.

1 _____ 2 _____ 3 _____ 4 _____

ⓐ    ⓑ

ⓒ    ⓓ

Actividad 8

Escriba un texto sobre sus actividades diarias después de leer y escuchar el siguiente modelo.

Modelo

Normalmente, me despierto a las seis de la mañana. Me levanto y me pongo la ropa. Luego desayuno y me cepillo los dientes antes de salir. Mis clases empiezan a las nueve. Tardo una hora en llegar a la facultad. Por eso, salgo de casa a las ocho. Asisto a las clases por la mañana. Generalmente almuerzo con mis amigos en el comedor de la universidad. Después de las clases a veces charlo con mis compañeros o voy a la biblioteca para estudiar. Vuelvo a casa y ceno con mi familia a las siete. En mi cuarto hago las tareas para las clases, reviso los correos electrónicos y navego por Internet. Me baño antes de acostarme. Normalmente, me acuesto a las once y media.

3 Los seres queridos

PISTA 045

- A Mañana es el cumpleaños de nuestro amiguito Paco.
- B ¿Cuántos años cumple?
- A Cumple veintiún años. Vamos a organizarle una gran fiesta en casa para celebrarlo. Pero debe ser una fiesta sorpresa.
- B Por supuesto. Me encargo de la tarta y las bebidas.
- A Pues, yo voy a preparar un plato típico de Corea. A Paco le encanta la comida coreana.

Actividad 9

Lea y escuche el siguiente texto sobre los saludos en el mundo e indique si las siguientes afirmaciones son verdaderas (V) o falsas (F).

PISTA 046

El saludo es una forma de mostrar cortesía o amabilidad hacia los demás. En general, darse la mano es el saludo más extendido en todo el mundo. Sin embargo, hay maneras diferentes de saludar según las culturas.

Por ejemplo, en España, otro saludo muy frecuente es darse dos besos como entre mujeres o entre hombre y mujer. Se dan un beso en cada mejilla. Aunque en España entre hombres no se dan besos nunca, en Argentina un beso en la mejilla entre hombres es normal. Los coreanos, al encontrarse a un conocido, inclinan la cabeza levemente como muestra de respeto. En Nueva Zelanda, el saludo de la cultura maorí consiste en juntar la frente y la nariz con las de la otra persona para intercambiar el aliento sagrado. En el Tíbet, sacar la lengua y sacudirla es un saludo cordial.

	V	F
1 En España se dan los dos besos todas las personas, incluso entre hombres.	☐	☐
2 En Corea las personas inclinan la cabeza para mostrar respeto por la otra persona.	☐	☐
3 En Nueva Zelanda, las personas se saludan besándose las mejillas.	☐	☐
4 En el Tíbet, el saludo formal es sacar la lengua y sacudirla.	☐	☐

Actividad 10

Converse con su compañero/a sobre sus relaciones interpersonales.

1 ¿Te llevas bien con tus hermanos/padres/amigos? ¿Con quién te llevas mejor? ¿Y con quién, peor? ¿Por qué?

2 ¿Cuándo te peleas con tus hermanos/padres/amigos? ¿Por qué?

3 ¿Cómo os comunicáis tú y tus padres normalmente? ¿Con qué frecuencia os comunicáis por teléfono? ¿Os escribís mensajes de texto?

4 ¿Tienes buenos amigos? ¿En qué sentido? ¿Os ayudáis? ¿Os respetáis? ¿Dónde os reunís tú y tus amigos los fines de semana? ¿Qué hacéis normalmente?

5 ¿Cómo se saludan los amigos en Corea cuando se ven? ¿Se besan? ¿Se abrazan? ¿Se dan la mano?

VOCABULARIO Y EXPRESIONES

la hora | 시간, 시각

¿A qué hora ...? 몇 시에 ~?

¿Cuántas horas ...? 몇 시간 동안 ~?

¿Cuánto tiempo ...? 얼마 동안 ~?

¿Desde qué hora (y hasta qué hora) ...?
몇 시부터 (몇 시까지)~?

¿Qué hora es? 몇 시입니까?

¿Qué hora tiene(s)? 몇 시입니까?

¿Qué horas son? 몇 시입니까?

¿Tiene(s) hora? 몇 시입니까?

Es la una. 1시입니다.

Son las dos (tres,...). 2 (3, ...)시입니다.

a (la) medianoche 한밤중에

a(l) mediodía 정오에

cuarto 15분

media 30분

media hora 30분

menos ~ 전에

y ~와/과, 그리고

de la mañana / la tarde / la noche 오전/오후/밤에

en punto 정각

un cuarto de hora 15분

un minuto 1분

un segundo 1초

una hora 1시간

durar (활동이 ~시간 동안) 지속하다

tardar + **시간** (+ en *inf.*)
(사람이) ~하는 데 시간이 ~ 걸리다

tardar(se) 시간이 ~ 걸리다

los verbos reflexivos | 재귀동사

acostarse 잠자리에 들다

afeitarse 면도하다

bañarse 목욕하다

cepillarse los dientes 양치질하다

comunicarse con ~와/과 소통하다

despertarse 잠에서 깨다

ducharse 샤워하다

encargarse de ~을/를 책임지다, 임무를 맡다

lavarse la cara / el pelo / los dientes / las manos
세수하다 / 머리 감다 / 양치하다 / 손을 씻다

levantarse 일어나다

llevarse bien/mal con ... ~와/과 사이좋게/나쁘게 지내다

maquillarse (얼굴 전체를) 화장하다

peinarse 머리를 빗다

pelearse con ... ~와/과 다투다

pintarse (얼굴 특정 부위를) 화장하다

ponerse la ropa 옷을 입다

quitarse los zapatos 신발을 벗다

secarse (el pelo) (머리를) 말리다

otros verbos | 기타 동사

abrazar 포옹하다

ayudar 돕다

besar 입맞춤하다

consistir en ~(으)로 구성되다

cumplir 채우다

charlar 수다를 떨다

darse la mano 손을 내밀다, 악수하다

hacer deberes/tareas 숙제하다

hacer ejercicio 운동하다

inclinar la cabeza 머리를 숙이다
intercambiar 교환하다
juntar 맞대다, 합치다
mostrar 보여 주다
organizar 조직하다
respetar 공경하다, 존중하다
reunirse 모이다
revisar el correo electrónico 이메일을 확인하다
sacar 꺼내다
sacudir 흔들다
saludar ~에게 인사하다
soler + *inf*. ~하곤 하다
ir de viaje 여행을 떠나다

más vocabulario | 기타

el aeropuerto 공항
el aliento 숨결
la amabilidad 친절
la bebida 음료수
el comedor 학생 식당
el conocido 지인
la cortesía 예의
la cultura 문화
la facultad (대학의) 단과 대학, 캠퍼스
la fiesta sorpresa 깜짝 파티
la forma 형태, 방법
la frente 이마
la lengua 혀
la manera 방법
la mejilla 볼
el mensaje de texto 문자 메시지
la muestra 표시, 예시
la nariz 코
la obra 작품

la pareja 한 쌍, 커플
la relación interpersonal 대인 관계
el respeto 존경
la rutina diaria 매일의 일과
el saludo 인사(법)
el sentido 의미, 감각
el ser querido 사랑하는 사람
el vuelo 비행
el Tíbet 티벳
Nueva Zelanda 뉴질랜드
antes de ~ 전에
cordial 예의 있는
entonces 그러면
excelente 훌륭한
extendido 널리 퍼진
formal 격식을 갖춘
levemente 가볍게
maorí 마오리족의
normal 보통의, 정상적인
mejor 더 좋은
peor 더 나쁜
por supuesto 당연히, 물론이다
según ~에 따르면
típico/a 전형적인
tranquilamente 조용하게, 평안하게

LECCIÓN 8 173

GRAMÁTICA Y EJERCICIOS

1 시간 표현 (la expresión de la hora)

(1) 시간 자체를 말할 때 즉 '시간이 몇 시이다'라고 말할 때 'ser + 여성 정관사 + 시'로 표현합니다. 정각일 때는 뒤에 en punto를 붙일 수 있습니다.

¿Qué hora es ahora?
¿Qué hora tiene(s)?
¿Tiene(s) hora?   몇 시입니까?
¿Qué horas son?

Es la una en punto. 1시 정각입니다.

Son las tres y diez. 3시 10분입니다.

Son las cinco y cuarto. 5시 15분입니다.

Son las cuatro y media. 4시 반입니다.

Son las siete menos cinco. 7시 5분 전입니다. (6시 55분)

Son las cuatro menos cuarto. 4시 15분 전입니다. (3시 45분)

> **주의** 시간 표현 뒤에 오전(de la mañana), 오후(de la tarde), 밤(de la noche), 새벽(de la madrugada)를 붙여 시간대를 더 정확히 표현할 수 있습니다.
>
> 예 Son las seis de la mañana.
> 오전 6시입니다.
>
> Regreso a casa a las siete de la tarde.
> 나는 오후 7시에 귀가합니다.

(2) '~시에 ~을/를 한다'라고 말할 때는 시간 앞에 전치사 a를 붙여 'a + 여성 정관사 + 시간'으로 표현합니다.

A ¿A qué hora nos vemos? 우리에 몇 시에 볼까?
B Nos vemos a las cinco en la salida número 3 de la estación de Gangnam.
강남역 3번 출구에서 5시에 우리 만나자.

A ¿A qué hora es la reunión? 회의는 몇 시입니까?
B Es a las once de la mañana. 오전 11시입니다.

(3) '~시부터 ~시까지'를 표현할 때 'desde/hasta + 여성 정관사 + 시' 또는 'de/a + 시'를 씁니다. desde/hasta가 올 경우 반드시 시간 앞에 여성 정관사가 동반하며 de/a에는 정관사를 쓰지 않습니다.

Tengo que trabajar **desde** la una **hasta** las seis menos diez.
나는 1시부터 6시 10분전까지 일해야 한다.

El banco está abierto **de** nueve **a** dieciséis horas.
은행은 9시부터 16시까지 엽니다.

> **심화 학습**
>
> * 정확한 시각을 표현할 때는 전치사 a를 쓰지만 '~시 경에'로 비교적 융통성 있는 시간대를 말할 때는 sobre / alrededor de를 사용합니다.
>   Te vamos a visitar **sobre** las dos. 우리가 2시경에 너를 방문할게.
>
> * el mediodía는 '정오'를 뜻하며, la medianoche는 '자정'을 뜻합니다. 그러나 정확히 '12시'를 가리키지는 않고 각각 a(l) mediodía는 '한낮에(점심 식사 무렵)'라는 의미로, a (la) medianoche는 '한밤중에'라는 의미로 씁니다.
>   La fiesta empieza **a (la) medianoche**. 파티는 한밤중에 시작한다.

Ejercicio 1

〈보기〉와 같이 주어진 시간을 스페인어로 써 보세요.

보기
15:05   Son las tres y cinco de la tarde.

1 05:15 _____   2 13:25 _____

3 00:20 _____   4 10:40 _____

5 19:55 _____   6 11:30 _____

Ejercicio 2

빈칸에 알맞은 시간 표현을 써서 문장을 완성해 보세요.

1 En mi casa cenamos todos los días _____ (8시에).

2 El vuelo va a llegar a Nueva York _____ (4시경에).

3 Mi programa favorito empieza _____ (5시 30분에).

4 Los martes y los jueves tengo clases _____ (오전 9시부터 오후 6시까지).

5 La biblioteca está abierta _____ (7시부터 20시까지).

2 tardar 동사와 durar 동사 (el verbo 'tardar' vs. el verbo 'durar')

(1) tardar 동사는 '누가 ~하는 데 시간이 얼마 걸리다'라는 표현에 씁니다. '사람 주어 + tardar + 시간 + en + 동사 원형'으로 나타냅니다.

A ¿Cuánto tiempo tardas en llegar a la universidad? 너 학교 오는 데 시간이 얼마나 걸리니?
B Tardo una hora. 나 1시간 걸려.

Ellos tardan tres horas en venir aquí.
그들이 여기 도착하는 데 3시간이 걸립니다.

주의 특정 주어가 아니라 '일반적으로 시간이 얼마 걸리다'라고 할 때는 'se tarda + 시간'을 씁니다.
예 Se tarda dos horas y cuarenta minutos de Busan a Seúl en tren.
일반적으로 부산에서 서울까지 기차로 2시간 40분이 걸린다.

(2) durar 동사는 '영화/경기/수업 등의 시간이 얼마 동안 지속되다'는 표현에 씁니다.

A ¿Cuánto tiempo dura la película? 그 영화는 몇 시간 짜리입니까?
B Dura una hora y media. 1시간 반짜리입니다.

El curso de verano dura cuatro semanas. 여름 학기는 4주 동안 지속된다.

Ejercicio 3

다음 문장을 읽고 빈칸에 스페인어로 소요 시간을 써 보세요.

1 Mi clase de francés empieza a las nueve y termina a las diez y cuarto. Mi clase de francés dura _____.

2 El tren sale de la estación de Seúl a las cinco y llega a Busan a las siete y media. Se tarda _____.

3 El vuelo para la isla de Jeju sale a las cinco de la madrugada y llega a las seis menos diez. El vuelo dura _____.

4 Yo salgo de casa para el gimnasio a las siete menos diez y llego a las siete. Yo tardo _____ de mi casa al gimnasio.

5 La película empieza a las cuatro de la tarde y termina a las siete menos veinte. La película dura _____.

3 재귀대명사와 재귀동사
(los pronombres reflexivos y los verbos reflexivos)

(1) 재귀대명사는 '~자신을/에게 (~하다)'의 뜻이며 주어와 목적어가 동일할 때 사용합니다.

▶ ~자신을/~자신에게(서)

	단수	복수
1인칭	me 나 자신	nos 우리 자신들
2인칭	te 너 자신	os 너희 자신들
3인칭	se 그 자신, 그녀 자신, 당신 자신, 그것 자신	se 그들 자신, 그녀 자신들, 당신 자신들, 그것 자신들

(2) 주어가 하는 행위가 다른 사람에게 가해지는 경우는 일반 타동사 구문으로 '전치사 a + 목적어'를 쓰지만, 자신에게 행위가 되돌아가는 경우 재귀대명사를 동사 앞에 써서 재귀동사로 표현합니다.

La mamá <u>se</u> baña. 〔재귀대명사〕 엄마는 목욕합니다.
La mamá baña <u>al bebé</u>. 〔a + 목적어〕 엄마는 아기를 목욕시킵니다.

Yo <u>me</u> despierto cuando suena el despertador. 〔재귀대명사〕 나는 알람 시계 소리에 잠을 깬다.
Yo siempre despierto <u>a mi compañera de cuarto</u>. 〔a + 목적어〕 나는 항상 내 룸메이트를 깨운다.

(3) 대표적인 재귀동사는 다음과 같습니다.

acostarse 잠자리에 들다	afeitarse 면도하다	bañarse 목욕하다
cepillarse/lavarse los dientes 이를 닦다	despertarse 잠 깨다	ducharse 샤워하다
lavarse el pelo / la cara 머리 감다 / 세수하다	levantarse 일어나다	maquillarse/pintarse 화장하다
peinarse 머리 빗다	ponerse la ropa / los zapatos 옷을 입다 / 신발을 신다	quitarse la ropa / los zapatos 옷을 벗다 / 신발을 벗다
secarse 말리다	sentarse 앉다	vestirse 옷을 차려입다

A ¿A qué hora **te levantas**? 너는 몇 시에 일어나니?
B Yo **me levanto** temprano. **Me levanto** a las cuatro de la madrugada.
나는 일찍 일어나. 새벽 4시에 일어나.

A ¿**Os acostáis** muy tarde? 너희들은 매우 늦게 잠자리에 드니?
B No, **nos acostamos** antes de las once. 아니, 우리는 11시 전에 잠자리에 들어.

A ¿Cuántas veces **te cepillas** al día? 너는 하루에 몇 번 이를 닦니?
B Yo, tres veces. Siempre **me cepillo** los dientes después de comer.
나는 하루 3번. 항상 밥 먹은 후 이를 닦아.

> **주의** 신체 부위 표현을 재귀동사와 함께 사용할 경우, 신체 부위 앞에 소유사가 아닌 정관사를 씁니다.
> 예 Yo me lavo la cara. (O) 나는 세수한다.
> Yo lavo mi cara. (X)
> Yo me lavo mi cara. (X)

LECCIÓN 8

(4) 재귀동사가 원형으로 사용될 때는 재귀대명사를 주어 인칭에 맞게 활용하여 동사 원형 뒤에 바로 붙여 씁니다.

A ¿A qué hora vas a **levantarte** mañana? 너 내일 몇 시에 일어날 거니?
B Tengo que **levantarme** temprano, a las seis. 나 내일 일찍 일어나야 해, 6시에.

A ¿Podemos **ponernos** los pantalones cortos? 우리가 반바지 입어도 되나요?
B No, deben **ponerse** los pantalones largos. 아니요, 긴 바지를 입으셔야 합니다.

A ¿**Te duchas** por las mañanas? 너는 아침마다 샤워하니?
B No, por las noches. Me ducho antes de **acostarme**. 아니, 밤에 해. 나는 잠자리에 들기 전에 샤워해.

Ejercicio 4

〈보기〉와 같이 재귀동사를 써서 다음 대화를 완성하세요.

> **보기**
> **A** ¿A qué hora te despiertas normalmente?
> **B** <u>Me</u> <u>despierto</u> a las siete de la mañana.

1. **A** ¿Vosotros os ducháis después de levantaros?
   B No, _____ _____ antes de acostarnos.

2. **A** ¿Te pones la corbata cuando vas al trabajo?
   B Sí, _____ _____ la corbata.

3. **A** ¿Ustedes se lavan el pelo todos los días?
   B Sí, _____ _____ el pelo todos los días.

4. **A** ¿Por qué no te quitas la bufanda? Hace calor.
   B Ahora _____ _____ la bufanda.

5. **A** ¿Con qué se seca el pelo tu hermanito? ¿Con el secador o con la toalla?
   B _____ _____ con la toalla.

6. **A** ¿Te vistes antes o después de maquillarte?
   B _____ _____ después de maquillarme.

Ejercicio 5

주어진 동사들 중 알맞은 것을 골라 활용형을 써서 빈칸을 채워 보세요.

> acostarse   bañarse   lavarse   pintarse   ponerse   sentarse

1 Cuando hace frío yo _____ la bufanda.
2 Tú siempre _____ cerca de la ventana en la cafetería.
3 Clarisa _____ los labios cuidadosamente.
4 Los fines de semana nosotros no _____ antes de las doce.
5 Mi familia _____ en la playa en verano.
6 Vosotros tenéis que _____ las manos antes de comer.

Ejercicio 6

José가 말하는 '나의 일상'에 대한 글입니다. 이 글을 José를 주어로 하여 3인칭 단수형으로 바꾸어 보세요.

> Normalmente me despierto a las siete. Me levanto de la cama y me lavo el pelo con agua caliente. Después de secarme con una toalla me visto rápidamente. Desayuno un café con un bollo y salgo de casa para la universidad. Llego a la facultad a las nueve menos diez y asisto a clase hasta el mediodía. Luego almuerzo con mis amigos en un restaurante cerca de la universidad a las doce y media. Suelo comer el menú del día. Por la tarde cuando termino todas las clases, voy a la sala de mi club y allí juego al bádminton. Luego vuelvo a mi casa en metro. Descanso un poco y ceno. Antes de acostarme, me ducho y me pongo el pijama. Me acuesto a las doce en punto.

Normalmente José se despierta _____
_____
_____
_____
_____
_____

4 상호의 se (el 'se' recíproco)

'서로서로 ~하다'는 표현을 할 때 상호의 se를 사용합니다. 따라서 주어는 복수 명사일 경우가 많습니다.

abrazarse 서로 포옹하다	conocerse 서로 알다
ayudarse 서로 돕다	darse la mano 서로 악수하다
besarse 서로 키스하다	saludarse 서로 인사하다
comunicarse 서로 말하다	verse 서로 보다/만나다

Los novios **se** besan al final de la boda. 신랑 신부는 결혼식 끝에 키스를 한다.
Juan y sus amigos **se** ven todos los fines de semana. 후안과 그의 친구들은 주말마다 만난다.
Tenéis que ayudar**os** para acabar el proyecto pronto. 너희들은 프로젝트를 빨리 마치기 위해 서로 도와야 한다.
Mi esposa y yo **nos** queremos mucho. **Nos** respetamos mucho.
내 아내와 나는 서로 사랑한다. 우리는 서로 존중한다.

Ejercicio 7

빈칸에 동사의 알맞은 형태를 넣어 보세요.

1. Juan y María _____ (verse) todos los sábados.
2. Mi amigo Pierre y yo _____ (comunicarse) en francés.
3. En este barrio todos los vecinos _____ (conocerse) bien.
4. Los dos presidentes _____ (darse) la mano en la cumbre.
5. ¿Tú y tu novia _____ (abrazarse) al _____ (verse)?

Ejercicio 8

알맞은 것끼리 연결하여 문장을 완성하세요.

1. Los buenos amigos •   • ⓐ se aman mucho.
2. Los enamorados •   • ⓑ se conocen muy bien y se ayudan.
3. Los vecinos •   • ⓒ se comunican en la oficina.
4. Los empleados •   • ⓓ se saludan en el ascensor.

LECCIÓN 9

¿Quién es tu jugador favorito?

TEMAS
- El arte y la cultura
- Las aficiones y el ocio
- Los medios de transporte

FUNCIONES
- Hablar de las preferencias
- Hablar de las aficiones y el ocio
- Describir un viaje

GRAMÁTICA
- La posición de los pronombres de complemento directo e indirecto:
- El verbo 'saber' vs. el verbo 'conocer'
- Los indefinidos

TEMAS Y ACTIVIDADES

TEMA 1 El arte y la cultura

PISTA 047

A ¿Te gusta el arte español?
B Claro que sí, me encanta la arquitectura de Gaudí.

BELLAS ARTES	la pintura, la escultura, la arquitectura
DEPORTES	el fútbol, el béisbol, el baloncesto, el tenis, la natación, el ciclismo, el tenis de mesa
PELÍCULAS	la película de amor, la película de acción, la película de terror, la película de ciencia ficción, la película de fantasía, la comedia, el drama
MÚSICA	la música clásica, el K-pop, el rock, el regué, el hip hop, el jazz
BAILES	el merengue, la salsa, el chachachá, el mambo, el tango, la samba, el flamenco
LITERATURA	la novela, la poesía, el teatro, el ensayo

Actividad 1

Relacione los siguientes eventos con el lugar correspondiente. Luego pregúntele a un/a amigo/a si quiere ir allí con usted como en el modelo.

Modelo

Hay un partido de fútbol en el estadio. ¿Quieres venir conmigo?

1. un partido de fútbol
2. una exposición de pinturas
3. un concierto de música
4. un espectáculo de baile
5. una feria de libros

ⓐ la galería
ⓑ la plaza
ⓒ el teatro
ⓓ el auditorio
ⓔ el estadio

Actividad 2

Hable de su preferencia con su compañero/a como en el modelo.

Modelo

A ¿Qué tipo de música te gusta?
B Me gusta la música pop.
A ¿Quién es tu cantante favorito?
B Mi grupo favorito es Il Divo.

1. deporte, deportista/jugador(a)
2. película, director(a) de cine
3. novela, escritor(a)
4. telenovela, actor/actriz

LECCIÓN 9   183

Actividad 3

Pregúntele a un/a compañero/a sobre sus habilidades artísticas.

1   ¿Dibujas bien? ¿Puedes enseñarnos uno de tus dibujos?

2   ¿Tocas algún instrumento? ¿Puedes traer tu instrumento y tocarlo en clase algún día?

3   ¿Te gusta alguna obra literaria? ¿Cuál es? ¿Por qué?

4   ¿Sabes bailar? ¿Qué tipo de baile? ¿Con qué frecuencia sales a bailar?

5   ¿Qué otras disciplinas artísticas practicas?

6   ¿Qué te gusta leer más, novelas o poesías?

7   ¿Prefieres ir al teatro o ir al cine? ¿Por qué?

8   ¿Qué tipo de películas te gusta más ver en el cine? ¿Por qué?

Actividad 4

Escuche el diálogo y conteste.

PISTA 048

1   ¿Adónde quieren ir Pablo y Raquel mañana?

2   ¿Qué van a ver allí?

3   ¿En qué fila prefiere sentarse Raquel?

4   ¿Quién va a reservar las entradas?

Las aficiones y el ocio

PISTA 049

A ¿Qué te gusta hacer en tu tiempo libre?

B Me gusta hacer deporte y cocinar. Juego al fútbol y al baloncesto. ¿Y cuáles son tus aficiones?

A Mi afición es aprender idiomas. Me encantan el español y el inglés.

● Las aficiones y el ocio

dormir

cocinar

charlar

hacer/sacar fotos

hacer ejercicio

hacer deporte

LECCIÓN 9   185

viajar

leer

ver la tele

aprender idiomas

tocar instrumentos

jugar a los videojuegos en la computadora / con el móvil

Actividad 5

Relacione con un/a compañero/a los siguientes instrumentos y deportes con sus respectivos músicos y deportistas como en el modelo.

Modelo

A ¿Quién toca la guitarra?
B La toca Carlos Santana.

A ¿Quién practica el tenis?
B Lo practica Roger Federer.

1 ¿Quién toca _____?

instrumento	artista
guitarra	Carlos Santana
violín	Kenny G
piano	Itzhak Perlman
batería	Ringo Starr
saxofón	Seong-Jin Cho

2 ¿Quién practica _____?

deporte	deportista
tenis	Roger Federer
ciclismo	Tiger Woods
golf	Michael Phelps
natación	Yuna Kim
patinaje sobre hielo	Rigoberto Urán

Actividad 6

Escriba un texto sobre sus aficiones después de leer y escuchar el siguiente modelo.

PISTA 050

Modelo

Una de mis aficiones es practicar deportes. En especial me gusta el fútbol. Mi jugador preferido es Cristiano Ronaldo. Mi otra afición es la lectura. Me gustan las novelas de misterio y fantasía. Los fines de semana voy al cine con frecuencia porque me gusta el cine tanto coreano como extranjero. Pero no tengo ningún actor favorito. A veces me relaja bastante pintar y tocar el violín. También me gusta irme de fiesta con mis amigos.

3 Los medios de transporte

PISTA 051

A ¿Qué transportes usas para llegar a la facultad?

B Primero, tomo el metro y, luego, en la plaza Mayor, el autobús.

A ¿Cuánto tiempo se tarda?

B Se tarda una hora.

● **Los medios de transporte**

el tren

el coche / el carro / el auto

el avión

el taxi

el autobús / el camión / el ómnibus

el barco / el crucero

la moto(cicleta)

la bici(cleta)

el metro

a pie / caminando / andando

el tranvía

188   Curso de español 1 - Inicial

Actividad 7

Escoja el transporte apropiado para ir a los siguientes lugares.

> **Modelo**
>
> A ¿Cómo vas al trabajo?
>
> B Voy en metro.

1. la isla de Jeju
2. la universidad
3. la iglesia
4. tu pueblo natal
5. el despacho del profesor/de la profesora de español
6. el extranjero

Actividad 8

Discuta con su compañero/a sobre las ventajas y las desventajas de cada transporte.

> **Modelo**
>
> La ventaja de usar el avión es que es rápido y conveniente. La desventaja es que ...

1. el avión
2. el coche
3. la bicicleta
4. el metro

Vocabulario útil			
aburrido	agobiante	barato	cansado
caro	cómodo	entretenido	incómodo
lento	puntual	rápido	relajante
hay demoras/retrasos			

Actividad 9

Imagine que Ud. va a hacer un viaje de Seúl a Lima en avión. Ponga los siguientes pasos en orden lógico.

__1__ Tomo el autobús y llego al aeropuerto a tiempo.

____ Enseño el pasaporte y paso la aduana.

____ Hago cola para ir al mostrador de la compañía aérea.

____ Me abrocho el cinturón de seguridad.

____ Me bajo del avión y recojo el equipaje.

____ Facturo el equipaje y obtengo la tarjeta de embarque.

____ Me subo al avión y me siento en el asiento indicado.

__8__ Salgo a la calle para ir a Lima.

VOCABULARIO Y EXPRESIONES

el arte y la cultura | 예술과 문화

- la arquitectura 건축
- el auditorio 콘서트 홀, 강당
- el baile 춤, 댄스
- el ciclismo 사이클링, 자전거 경기
- la comedia 코미디
- el concierto 음악회, 콘서트
- la crítica 비평
- el deporte 운동, 스포츠
- el/la deportista 운동선수
- el dibujo 그림
- el/la director/a de cine 영화감독
- la disciplina artística 예술적 연마, 훈련
- el drama 드라마
- el ensayo 수필
- la entrada 입장권
- la escultura 조각
- el espectáculo 공연
- el estadio 경기장
- el evento 행사
- la exposición 전시(회)
- la feria 박람회, (시)장
- la fila (좌석 등의) 열, 줄
- la función 공연
- la galería 회랑, 갤러리
- el golf 골프
- el hip hop 힙합
- el jazz 재즈 음악
- el/la jugador/a 운동선수
- el K-pop 한류 음악
- el mambo 맘보 (춤)
- el merengue 메렝게 (춤)
- la música clásica 고전 음악, 클래식 음악
- la natación 수영
- la novela 소설
- la obra literaria 문학 작품
- el patinaje sobre hielo 아이스 스케이팅
- la película (de amor, de acción, de terror, de ciencia ficción, de fantasía, de animación) (로맨스, 액션, 공포, 공상 과학(SF), 환상, 만화) 영화
- la pintura 회화
- la poesía 시 (장르)
- el regué 레게 (음악)
- el rock 락 (음악)
- la salsa 살사 (춤)
- la samba 삼바 (춤)
- el tango 탱고 (춤)
- el tenis de mesa 탁구
- pintar 채색하다, 그림 그리다
- reservar 예약하다
- tocar el instrumento (la guitarra, el piano, el violín, la batería, el saxofón...) 악기(기타, 피아노, 바이올린, 드럼, 색소폰 등)를 연주하다

las aficiones y el ocio | 취미와 여가

- la lectura 독서
- la novela (de misterio y fantasía) (추리 환상) 소설
- el tiempo libre 여가 시간
- extranjero/a 외국의
- preferido/a 마음에 드는
- dibujar 스케치하다, 그리다

hacer/sacar fotos 사진을 찍다

ir al gimnasio 체육관을 가다

irse de fiesta 파티에 가다

jugar a los videojuegos en la computadora / con el móvil 컴퓨터 게임/휴대폰 게임을 하다

relajar 긴장을 풀어 주다

los medios de transporte y los viajes | 교통수단과 여행

la aduana 세관

el asiento 좌석

el autobús, el camión, el ómnibus 버스

el avión 비행기

el barco 배

la bici(cleta) 자전거

el cinturón de seguridad 안전벨트

el coche, el carro, el auto 자동차

la compañía aérea 항공사

el crucero 유람선

el despacho 연구실, 서재

el metro 지하철

el/la mostrador/a 체크인 데스크

la moto(cicleta) 오토바이

el pasaporte 여권

el pueblo natal 고향

la tarjeta de embarque 탑승권

el taxi 택시

el tranvía 전차

el tren 기차

agobiante 숨 막히는, 갑갑한

barato/a 싼, 저렴한

caro/a 값비싼

entretenido/a 재미있는

incómodo/a 불편한

lento/a 느린

puntual 시간을 엄수하는

relajante 마음을 편하게 하는

abrocharse 벨트를 매다

andar, caminar 걷다

bajarse de ~에서 내리다

conducir 운전하다 (스페인)

facturar el equipaje 짐을 부치다

hacer cola 줄을 서다

manejar 운전하다 (중남미)

obtener 얻다, 획득하다

recoger el equipaje 짐을 찾다

subirse a ~(으)로 올라타다

tomar (el metro, el autobús...) (지하철, 버스 등)을/를 타다

hay demoras 지연되다, 연발하다

hay retrasos 연착하다

a pie 걸어서

a tiempo 제시간에

más vocabulario | 기타

la desventaja 단점

la ventaja 장점

indicado/a 표시된

adelante 앞에

en especial 특히

tanto A como B A뿐만 아니라 B도

GRAMÁTICA Y EJERCICIOS

1 목적격 대명사 위치 (la posición de los pronombres de complemento)

(1) 시제 활용이 된 동사 앞에서 간접 목적격 대명사와 직접 목적격 대명사가 모두 사용될 경우, '간접 목적격 대명사 + 직접 목적격 대명사' 순서대로 씁니다.

Yo **te lo** pido. 나는 너에게 그것을 부탁한다.
Tú no **me lo** explicas. 너는 나에게 그것을 설명하지 않는다.

(2) 두 개 이상의 동사로 구성된 구문에서는 '간접 목적격 대명사 + 직접 목적격 대명사' 순서대로 활용된 첫 번째 동사 앞에 쓰거나 동사 원형 뒤에 바로 붙여서 씁니다.

¿**Me lo** puedes decir? = ¿Puedes decír**melo**? 너는 나에게 그것을 말해 줄 수 있니?
Te las quiero comprar. = Quiero comprár**telas**. 너에게 그것들을 사 주고 싶어.
Os lo debemos explicar. = Debemos explicár**oslo**. 우리는 너희에게 그것을 설명해 줘야 해.

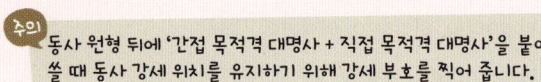
동사 원형 뒤에 '간접 목적격 대명사 + 직접 목적격 대명사'을 붙여 쓸 때 동사 강세 위치를 유지하기 위해 강세 부호를 찍어 줍니다.

(3) 간접 목적격 대명사(le/les)와 직접 목적격 대명사(lo/la/los/las)를 연달아 쓰고, 둘 다 3인칭을 가리킬 경우, 발음상의 이유로 앞에 오는 간접 목적격 대명사를 se로 바꿔야 합니다.

A ¿Vais a recomendarle este libro a Carlos? 너희들 카를로스에게 이 책을 추천할 거니?
B Sí, **se lo** vamos a recomendar. 응, 우리는 그에게 그것을 추천할 거야.
= Sí, vamos a recomendár**selo**.

(4) '간접 목적격 대명사 + 직접 목적격 대명사'를 필요로 하는 동사

contar 이야기하다	mostrar 보여 주다
dar 주다	ofrecer 제공하다
decir 말해 주다	pedir 요청하다
dejar 빌려주다	prestar 빌려주다
enseñar 보여 주다, 가르쳐 주다	prometer 약속하다
entregar 건네주다, 제출하다	recomendar 추천하다
escribir 쓰다	regalar 선물하다
explicar 설명하다	servir 서빙하다
mandar 보내다	traer 가져오다

Ejercicio 7

각 그림의 상황에서 할 수 있는 말을 찾아 연결하세요.

1  ⓐ Le escribo un e-mail a mi profesor.

2  ⓑ Quiero regalarle un anillo a mi novia.

3  ⓒ El profesor Hernández nos enseña Matemáticas.

4  ⓓ Te presto mi traje. ¡Suerte en la entrevista!

5  ⓔ El camarero les sirve la comida a los clientes.

Ejercicio 2

〈보기〉와 같이 다음 문장의 밑줄 친 직접 목적어를 대명사로 바꾸세요.

보기

Mi padre siempre me deja su coche.
→ Mi padre siempre me lo deja.

1 Mi amigo me enseña su nuevo celular.
   → _____

2 El médico le recomienda la aspirina al paciente.
   → _____

3 El peluquero siempre me corta el pelo muy corto.
   → _____

4 La abuela les cuenta cuentos de hadas a sus nietos.
   → _____

5 El vendedor os muestra las mochilas.
   → _____

Ejercicio 3

다음 질문에 '간접 목적격 대명사 + 직접 목적격 대명사'를 사용하여 대답을 완성해 보세요.

1 A ¿Cuándo me vas a decir lo que pasa?
   B _____ _____ voy a decir mañana.

2 A ¿Ustedes van a entregarle los informes al jefe?
   B No, no _____ _____ vamos a entregar todavía.

3 A ¿Le puedo pedir la cuenta?
   B Claro que sí. Ahora mismo _____ _____ traigo.

4 A ¿Puedes enviarle tu trabajo al profesor por e-mail?
   B Por supuesto. _____ _____ puedo enviar.

5 A ¿A quién le quieres recomendar este curso?
   B _____ _____ quiero recomendar a vosotros.

2 saber 동사와 conocer 동사 (el verbo 'saber' vs. el verbo 'conocer')

▶ saber (지식이나 정보를) 알다

	단수	복수
1인칭	sé	sabemos
2인칭	sabes	sabéis
3인칭	sabe	saben

▶ conocer (경험을 통해 사람이나 장소를) 알다

	단수	복수
1인칭	conozco	conocemos
2인칭	conoces	conocéis
3인칭	conoce	conocen

(1) saber와 conocer의 뜻은 '알다'입니다. saber는 추상적인 대상(지식, 정보)을 안다고 할 때 사용되고 conocer는 경험을 통해 사람이나 장소를 아는 경우에 사용합니다.

No **sé** tu número de teléfono. 네 전화번호 몰라.
Mucha gente no **sabe** quién es su media naranja. 많은 사람들이 누가 자신들의 반쪽인지 모른다.
Mi hermana menor no **sabe** nada de español. 내 여동생은 스페인어를 전혀 모른다.
No **conozco** a tus padres. 너희 부모님 몰라 (만나 뵌 적이 없어).
¿**Conoces** algún restaurante elegante en este barrio? 너 이 동네에서 멋진 레스토랑 아는 데 있니?
Mi familia **conoce** Buenos Aires. 우리 가족은 부에노스아이레스를 가 봐서 안다.

(2) 'saber + 동사 원형'은 '~을/를 할 줄 알다'는 뜻입니다.

¿**Sabes** conducir? 너 운전할 줄 알아?
No **sé** montar en bicicleta. 나는 자전거 탈 줄 몰라.
Sabemos nadar muy bien. 우리는 수영을 아주 잘할 줄 안다.

Ejercicio 4

saber나 conocer 중에 알맞은 동사를 활용하여 문장을 완성하세요.

1. Por favor, señora, ¿_____ Ud. a qué hora empieza la ceremonia?
2. Los estudiantes _____ que aquí se prohíbe fumar.
3. Yo estoy seguro de que tú _____ hablar otros idiomas extranjeros.
4. A Oye, ¿_____ a la patinadora Yuna Kim?
   B Bueno, _____ quién es, pero no la _____.
5. Mi profesor de español _____ Colombia y también _____ bailar cumbia.
6. Desde el principio del semestre nosotros _____ que hay que estudiar mucho para este curso.

3 부정어 (los indefinidos)

(1) 부정어는 정해지지 않은 사람, 대상이나 빈도를 나타내는 말로 긍정형과 부정형이 있습니다.

	긍정형		부정형	
부정어	alguien		nadie	
	algo		nada	
	algún, alguna, algunos, algunas	+ 명사	ningún, ninguna	+ 명사
부사	también		tampoco	
	siempre		nunca/jamás	

(2) alguien과 nadie는 정해지지 않은 사람을 나타낼 때 긍정문과 부정문에 각각 쓰입니다. algo와 nada는 정해지지 않은 사물을 나타낼 때 긍정문과 부정문에 각각 쓰입니다.

A ¿Hay **alguien** en casa? 집에 누가 있니?
B No, no hay **nadie**. 아니, 아무도 없어.

A ¿Necesitas **algo** más? 너 필요한 것 더 있니?
B No, **nada** más. 아니, 아무것도 없어.

(3) alguno와 ninguno는 명사 앞에 쓸 때 명사의 성수에 일치하여 형태가 변화합니다.

A ¿Conoces a **algún** actor famoso? 너 유명한 배우 아는 사람 있어?
B No, no conozco a **ninguno**. 아니, 아무도 몰라.

A ¿Tenéis **algunas** botellas vacías? 너희 빈 병 있니?
B No, no tenemos **ninguna**. 아니, 아무것도 없어.

> 주의
> no는 항상 부정형 부정어와 상응하며, no가 들어간 부정문에 긍정형 부정어는 쓸 수 없습니다.
> 예 No hay ningún recado para Ud. (O) 당신에게 온 메시지는 없어요.
> No hay algún recado para Ud. (X)

(4) 부정형 부정어가 동사 앞에 나오면 동사 앞에 no를 쓸 필요가 없고 동사 뒤에 나오면 동사 앞에 no를 써야 합니다.

No viene **nadie**. 아무도 오지 않는다.
= **Nadie** viene.

Juan **nunca** come carne. 후안은 결코 고기를 먹지 않는다.
= Juan **no** come carne **nunca**.

(5) ninguno와 nadie는 둘 다 한국어에서는 '아무도', '누구도'라는 뜻으로 번역될 수 있으나, 차이점은 ninguno는 특정 집단을 전제로 하고 있는 반면, nadie는 정해지지 않은 범위 내에서의 '아무도', '누구도'라는 의미를 갖습니다.

Ninguno (de mis estudiantes) viene hoy. 오늘 (내 학생들 중에는) 아무도 안 온다.
Nadie viene hoy. (O) 오늘 아무도 안 온다.
Nadie de mis estudiantes viene hoy. (X)

Ejercicio 5

각 문장을 〈보기〉와 같이 부정문으로 바꾸세요.

> **보기**
>
> Hay algunas clases interesantes este semestre.
> → <u>No hay ninguna clase interesante este semestre.</u>

1 Hay algunos estudiantes excelentes en esta clase.
   → _____

2 Hay algo divertido en la clase de español.
   → _____

3 Siempre me gusta asistir a la clase de español.
   → _____

4 Hay alguien cómico en el aula.
   → _____

5 Algunos compañeros de clase duermen ahora.
   → _____

Ejercicio 6

주어진 표현 중 알맞은 것을 골라 대화를 완성해 보세요.

> ⓐ No hay nada interesante en la tele hoy.
> ⓑ Nunca llegas a tiempo.
> ⓒ No, no tengo ningún problema.
> ⓓ No quiero ir ni al concierto ni al cine.

Armando	Hola, mi amor. Siento llegar tarde otra vez.
Bea	1 _____
Armando	¿Quieres ir al concierto o al cine esta noche?
Bea	2 _____
Armando	Pues, vamos a quedarnos en casa. ¿Hay algo interesante en la tele hoy?
Bea	3 _____
Armando	Oye, ¿qué te pasa? ¿Tienes algún problema?
Bea	4 _____

Ejercicio 7

〈보기〉와 같이 주어진 대답이 나올 수 있는 질문을 써 보세요.

> **보기**
> A ¿Hay alguna clase interesante en tu facultad?
> B No, no hay ninguna clase interesante en mi facultad.

1. A _____
   B No, no tengo ningún libro de texto fácil.

2. A _____
   B No, nunca pico entre comidas.

3. A _____
   B No, no hay nadie en mi casa por la tarde.

4. A _____
   B No, no hay nada de comer en la nevera.

|부록|
ANEXO

- **Claves de respuestas**
  정답

- **Traducciones de los diálogos**
  대화 번역

- **Transcripciones**
  활동 듣기 대본 · 읽기 지문 번역

- **Glosario**
  색인

Claves de respuestas | 정답

LECCIÓN 1 ¡Hola! ¿Qué tal?

Actividad 1 p.23

1. ¡Hola, Javier! ¿Qué tal?
   Bien. ¿Y tú?
   Genial, muy bien.
2. Buenos días, Señor Kim. ¿Cómo está Ud.?
   Muy bien, gracias.
3. ¡Hola, Elena! ¿Cómo estás?
   Así, así. Estoy regular.
4. ¡Hasta luego, Susana!
   ¡Chao! ¡Adiós!

Actividad 2 p.23

| 1 | d | 2 | a | 3 | e |
| 4 | b | 5 | c | | |

Actividad 3 p.25

- **Hombre**
  Alfredo, Carlos, Esteban, Miguel, Rafael, Sebastián
- **Mujer**
  Ana, Cristina, Estela, Marta, Violeta

Actividad 5 p.25

	Nombre	Apellido
1	Paloma	García
2	Alejandro	Fernández

Actividad 9 p.28-29

1. Ricardo: peluquero-una peluquería
2. Carmen: camarera-una cafetería / un restaurante
3. Santiago: profesor-una escuela
4. Sofía: cocinera-un restaurante
5. Belén: bibliotecaria-una biblioteca
6. Marcos: empresario-una empresa
7. Óscar: médico-un hospital
8. Laura: dependienta-una tienda
9. Cristina: farmacéutica-una farmacia

Ejercicio 1 p.34

1	alumna	2	profesora
3	arquitecta	4	abogada
5	cantante	6	actriz
7	enfermera	8	ingeniera
9	bibliotecaria	10	científica

Ejercicio 2 p.34

1	relojes	2	perros
3	mujeres	4	gatos
5	hombres	6	lápices

Ejercicio 3 p.36

| 1 | Ellos | 2 | Él | 3 | Vosotros |
| 4 | Nosotros | 5 | Ella | | |

Ejercicio 4 p.36

1	ella	2	ella	3	él
4	ella	5	ella	6	él
7	él	8	él		

Ejercicio 5 p.36

| 1 | eres, soy | 2 | soy, Soy | 3 | Es, es |
| 4 | sois, somos | 5 | son, somos | | |

Ejercicio 6 p.37

| 1 | d | 2 | e | 3 | c |
| 4 | a | 5 | f | 6 | b |

200 **Curso de español 1 - Inicial**

Ejercicio 7 p.38

1. te llamas, me llamo
2. se llama, Se llama
3. se llama, Me llamo
4. se llama, se llama

Ejercicio 8 p.38

1. Me llamo
2. te llamas
3. se llama
4. Se llama

Ejercicio 9 p.38

1. gusto
2. llamo
3. son
4. soy
5. llama
6. Es

LECCIÓN 2 ¿Cómo eres?

Actividad 5 p.43

1. rojo
2. naranja
3. amarillo
4. verde
5. azul
6. añil / azul marino
7. morado

Actividad 6 p.45

- **Alemania**
  alemán - alemana
- **Argentina**
  argentino - argentina
- **Brasil**
  brasileño - brasileña
- **Canadá**
  canadiense - canadiense
- **Chile**
  chileno - chilena
- **Estados Unidos**
  estadounidense - estadounidense
- **Reino Unido / Inglaterra**
  británico - británica / inglés - inglesa
- **Japón**
  japonés - japonesa
- **Panama**
  panameño - panameña
- **Colombia**
  colombiano - colombiana
- **Corea**
  coreano - coreana
- **Cuba**
  cubano - cubana
- **España**
  español - española
- **China**
  chino - china
- **Francia**
  francés - francesa
- **Italia**
  italiano - italiana
- **Rusia**
  ruso - rusa
- **Perú**
  peruano - peruana

Actividad 7 p.45

1. de Estados Unidos - estadounidense
2. de Italia - italiano
3. de Corea - coreana
4. de Alemania - alemana
5. de España - español
6. de Brasil - brasileña
7. de Perú - peruano
8. de Colombia - colombiana

Actividad 8 p.46

1. me llamo
2. Eres
3. soy
4. hablas
5. Hablo

Actividad 10 p.47

1. español
2. inglés
3. francés
4. alemán
5. italiano

Ejercicio 1 p.52-53

1   A ¿Es un perro?
    B No, no es un perro. Es un gato.
2   A ¿Es una chica?
    B No, no es una chica. Es un chico.
3   A ¿Es un cuaderno?
    B No, no es un cuaderno. Es un libro.
4   A ¿Es una escuela?
    B No, no es una escuela. Es un cine.
5   A ¿Es una radio?
    B No, no es una radio. Es un televisor / una televisión.

Ejercicio 2 p.53

1	unas	2	unos	3	una
4	unos	5	una	6	una
7	un	8	unos	9	una

Ejercicio 3 p.53

1	las	2	el	3	la
4	los	5	el	6	los
7	la	8	el	9	las

Ejercicio 4 p.54

| 1 | El | 2 | Los | 3 | La |
| 4 | El | 5 | Las | | |

Ejercicio 5 p.57

1	rica	2	buenos
3	difícil	4	pesimista
5	pequeñas		

Ejercicio 6 p.57-58

1   A La bicicleta es vieja, ¿verdad?
    B No, es nueva.
2   A La mochila es blanca, ¿verdad?
    B No, es negra.
3   A El lápiz es largo, ¿verdad?
    B No, es corto.
4   A El coche es lento, ¿verdad?
    B No, es rápido.
5   A Los relojes son baratos, ¿verdad?
    B No, son caros.
6   A Las montañas son bajas, ¿verdad?
    B No, son altas.
7   A La calle es ancha, ¿verdad?
    B No, es estrecha.

Ejercicio 7 p.58

1   Salma Hayeck es mexicana.
2   Barack Obama es estadounidense.
3   Cristiano Ronaldo es portugués.
4   Yao Ming es chino.
5   Sharapova es rusa.
6   Asada Mao es japonesa.

Ejercicio 8 p.60

1   31 (treinta y un)
2   52 (cincuenta y dos)
3   7 (siete)
4   24 (veinticuatro)
5   60 (sesenta)
6   28/29 (veintiocho/veintinueve)

Ejercicio 9 p.60

| 1 | tengo | 2 | tiene | 3 | tiene |
| 4 | tenemos | 5 | Tiene | | |

LECCIÓN 3 ¿Dónde estás?

Actividad 2 p.63

1	una	2	un	3	una
4	un	5	un	6	una, un
7	un	8	un/una	9	una
10	una	11	una	12	un
13	un	14	un	15	una
16	un, una	17	una	18	un
19	un	20	un		

Actividad 6 p.67

Actividad 8 p.70
1 c	**2** d	**3** b
4 e	**5** f	**6** a

Ejercicio 1 p.74
1 armario
2 computadora, cuadernos
3 ropa
4 reloj, fotos

Ejercicio 2 p.76
1 están	**2** estoy, están
3 estáis	**4** estamos
5 está	**6** estás

Ejercicio 3 p.76
1 hay	**2** estamos
3 está	**4** están
5 hay	**6** está
7 están	**8** hay

Ejercicio 4 p.76
1 hay	**2** Está	**3** está
4 hay	**5** está	

Ejercicio 5 p.78
1 es	**2** sois	**3** es
4 somos	**5** son	**6** es
7 soy	**8** es	**9** eres
10 son		

Ejercicio 6 p.78
1 estamos	**2** es	**3** está
4 es	**5** son	**6** están
7 estás	**8** es	**9** Estáis
10 está		

Ejercicio 7 p.80
1 no está azul
2 no está aburrida
3 no están caras
4 no está guapo
5 no están baratas
6 no está simpático

Ejercicio 8 p.80
1 somos	**2** hermanos
3 amplia	**4** está
5 está	**6** soy
7 trabajadora	**8** es
9 ordenado	

LECCIÓN 4 ¿Qué clases tomas este semestre?

Actividad 1 p.83

- **Letras**
  Alemán, Chino, Coreano, Español, Francés, Inglés, Lingüística, Literatura, Japonés, Ruso

- **Humanidades**
  Antropología, Filosofía, Historia

- **Ciencias e Ingeniería**
  Biología, Física, Informática, Matemáticas, Química

- **Ciencias Sociales**
  Administración de Empresas, Comunicación, Contabilidad, Economía, Geografía, Psicología, Sociología
- **Bellas Artes**
  Arte, Música, Teatro

Actividad 2 p.83
1	Filosofía	2	Comunicación
3	Informática	4	Arte
5	Literatura	6	Química
7	Psicología		

Actividad 3 p.84
1	V	2	F	3	V
4	F	5	V		

Actividad 5 p.86
1	V	2	F	3	V
4	V	5	F		

Actividad 9 p.87
1	V	2	F	3	F
4	F				

Actividad 10 p.89
1	Cómo	2	Qué	3	Por qué
4	Quién	5	Cuándo		

Ejercicio 1 p.93
1	vivimos	2	Leo	3	asiste
4	corremos	5	beben	6	creo

Ejercicio 2 p.93
1	toca	2	abres	3	recibe
4	aprendemos	5	corre	6	bailo

Ejercicio 3 p.94
1	vivo	2	es	3	es
4	toca	5	habla	6	creo
7	debo				

Ejercicio 4 p.94
1	Tengo	2	tomas
3	Tomo	4	enseña
5	asistimos	6	Estudiáis
7	necesitamos		

Ejercicio 5 p.94
1. Vosotros estudiáis el vocabulario.
2. La clase de español termina muy tarde.
3. ¿Prepara usted la tarea?
4. ¿Qué buscas tú?
5. Manuel asiste a la clase de violín.
6. Isabel y yo leemos en la biblioteca.
7. Nosotros aprendemos a hablar francés.
8. Mi padre abre una cuenta bancaria.

Ejercicio 6 p.95
1	Nuestra	2	su	3	su
4	Vuestros				

Ejercicio 7 p.95
1	mi	2	Nuestro	3	sus
4	mi	5	nuestra	6	Su
7	tu				

Ejercicio 8 p.96
1	primera	2	tercer	3	quinto
4	cuarta	5	segundo	6	primeros

Ejercicio 9 p.98
1	Cuántos	2	Cuál		
3	Dónde	4	Por qué		
5	Cuándo	6	quién(es)		

Ejercicio 10 p.98

1	g	2	a	3	d
4	b	5	e	6	f
7	c				

LECCIÓN 5 ¿Cuánto cuesta?

Actividad 3 p.102-103

1 unos zapatos con tacón alto verdes
2 una corbata azul claro
3 unos zapatos marrones
4 una blusa blanca
5 un vestido violeta
6 unos pantalones vaqueros
7 un traje gris
8 una camiseta rosada
9 una chaqueta añil
10 una falda roja
11 un cinturón negro
12 unas zapatillas de tenis amarillas

Actividad 5 p.105

1	Beatriz	2	Andrés	3	Cecilia
4	Cecilia	5	Beatriz	6	Andrés
7	Beatriz	8	Cecilia	9	Andrés

Actividad 7 p.107-108

1 van a jugar al boliche
2 va a salir a cenar
3 van a pescar en el mar
4 va a reparar el carro
5 va a hacer pesas
6 van a bailar en una discoteca

Actividad 8 p.108

1	f	2	b	3	d
4	e	5	c	6	a

Actividad 9 p.109

1	hacer	2	viajar	3	pasar
4	dormir	5	trabajar		

Ejercicio 1 p.113

1	esta	2	Estos	3	esta
4	estos	5	Estas	6	Estos

Ejercicio 2 p.113

1	esa	2	Esa	3	esas
4	Esos	5	ese	6	ese

Ejercicio 3 p.114

1	aquel	2	aquellos	3	aquellas
4	aquellos	5	Aquella	6	aquellos

Ejercicio 4 p.114

1	ese	2	Este / Esto	3	esto
4	Eso	5	Aquella	6	Este

Ejercicio 5 p.115

1	muy	2	mucha	3	mucho
4	muy	5	mucho	6	Muchas

Ejercicio 6 [respuestas posibles] p.116

1 es muy difícil.
2 tengo muchos (amigos) en la escuela.
3 (mi hermano) es muy talentoso.
4 hay mucha (discriminación) en el mundo del trabajo.
5 hay muchos (libros) en la biblioteca.

Ejercicio 7 p.116

1	muchos	2	Mucha
3	muy	4	mucha
5	muy	6	muchas
7	mucho/mucha		

Claves de respuestas

Ejercicio 8 p.117
1. setecientos cincuenta
2. quinientos sesenta y siete
3. tres mil cuatrocientos ochenta
4. setenta y siete mil cuatrocientas noventa
5. ciento noventa mil
6. veintitrés mil setecientos setenta y cinco
7. ciento cuarenta y cinco mil seiscientos ochenta y nueve

Ejercicio 9 p.118
1. van a venir
2. voy a almorzar
3. vamos a beber
4. va a estudiar
5. va a ir
6. Voy a descansar

LECCIÓN 6 ¿Cómo es tu familia?

Actividad 1 p.121
1	V	2	F	3	V
4	V	5	V	6	F
7	F	8	V		

Actividad 8 p.128
1	a	2	b	3	c
4	b	5	c		

Ejercicio 1 p.134
1	d	2	c	3	b
4	a				

Ejercicio 2 p.134
1. piensas, Pienso
2. Cerramos, cierras
3. enciendes, enciendo
4. quieren, Queremos

Ejercicio 3 p.135
1	almuerzan	2	puedes		
3	muerde	4	Recuerdas		
5	muero	6	mide		

Ejercicio 4 p.135
1	Soy	2	Tengo	3	Mido
4	peso	5	Hago	6	juego
7	duermo	8	quiero		

Ejercicio 5 p.137
1	le	2	les	3	les
4	les	5	le	6	os

Ejercicio 6 p.137
1	te	2	Les	3	le
4	Te	5	Te		

Ejercicio 7 p.139
1	les, gusta	2	les, gustan
3	te, gusta	4	les, gusta, me, gustan
5	le, gustan	6	les, gusta
7	me, gustas	8	nos, gusta

Ejercicio 8 p.140
1. A Os, interesan
   B nos, interesan
2. A les, gusta
   B Nos, gusta
3. A te, gustan
   B me, encantan
4. A Le, apetecen
5. A les, fastidian
   B Les, encantan

Ejercicio 9 p.140
1	me	2	te	3	le
4	nos	5	les	6	nos

LECCIÓN 7 ¿Qué tiempo hace hoy?

Actividad 3 [respuestas posibles] p.144

- **Primavera**
  acampar, comer afuera, dar una vuelta/pasear, jugar al baloncesto, montar/andar en bicicleta, salir afuera, etc.

- **Verano**
  bucear, nadar en el mar, tomar sol

- **Otoño**
  acampar, comer afuera, dar una vuelta/pasear, jugar al baloncesto, montar/andar en bicicleta, salir afuera, etc.

- **Invierno**
  esquiar, hacer un muñeco de nieve, jugar a las cartas, no salir de casa, patinar sobre el hielo

Actividad 5 [respuestas posibles] p.146

- En Nueva York, EEUU, en diciembre, hace frío y nieva. Es invierno.
- En Buenos Aires, Argentina, en julio, llueve mucho y hace un poco de frio. Es invierno (en este país).
- En Santiago, Chile, en febrero, hace calor y hace sol. Es verano.

Actividad 8 p.147

1. F
2. F
3. F
4. V

Actividad 10 p.149

1. la Navidad
2. el Día de Todos los Santos, el Día de los Muertos
3. el Día de San Valentín
4. la Nochevieja
5. el Día de los Reyes Magos

Actividad 11 p.149

1. planchar la ropa
2. lavar los platos
3. pasar la aspiradora
4. preparar la comida
5. fregar el suelo
6. tirar/sacar la basura

Actividad 12 p.151

1. Tienes que darle de comer al gato.
2. Tienes que cerrar las ventanas.
3. No tienes que llevar paraguas.
4. Tienes que ordenar el cuarto.
5. Tienes que preparar regalos para tus niños.
6. No tienes que ir a la escuela.

Ejercicio 1 p.155

1	doy	2	haces	3	pongo
4	sabemos	5	salen	6	veo
7	tiene	8	venís	9	va
10	oye				

Ejercicio 2 p.156

1	haces	2	salgo	3	hacéis
4	tiene	5	sale	6	sé
7	voy	8	supongo	9	puedes
10	duermo				

Ejercicio 3 [respuestas posibles] p.156

1. No, no siempre digo la verdad.
2. Veo la televisión una hora al día.
3. Sí, oigo la radio cuando estudio.
4. Sí, hacemos los ejercicios del libro de texto todos los días.
5. No, no sé cuándo tenemos el examen final de esta clase.

Ejercicio 4 p.157

1	X	2	a	3	a

4   X   5   a

Ejercicio 5 p.157
1   Los campesinos recogen la cosecha.
2   Pedro escucha al profesor de Historia.
3   No sé tu número de teléfono.
4   Nunca me decís la verdad.
5   Los padres les dan regalos a sus niños.

Ejercicio 6 [respuestas posibles] p.159
1   Sí, los lavo después de comer. /
    No, no los lavo después de comer.
2   Sí, lo tomo para ir a la universidad. /
    No, no lo tomo para ir a la universidad.
3   Sí, lo tomo cuando tengo sueño. /
    No, no lo tomo cuando tengo sueño.
4   Sí, los envío con mucha frecuencia. /
    No, no los envío con mucha frecuencia.

Ejercicio 7 p.159
1   Rocío va a prepararla para su mejor amigo. /
    Rocío la va a preparar para su mejor amigo.
2   Beatriz quiere tomarlo. / Beatriz lo quiere tomar.
3   ¿Puedes recogerlo al venir a la casa de Rocío? /
    ¿Lo puedes recoger al venir a la casa de Rocío?
4   Su madre prefiere hacerlo por la tarde. /
    Su madre lo prefiere hacer por la tarde.

Ejercicio 8 p.160
1   tenemos que   2   tengo que
3   tienen que   4   tienes que
5   tiene que   6   tenéis que

Ejercicio 9 p.161
1   deben   2   debemos
3   debe   4   debes
5   debo   6   debéis

Ejercicio 10 p.161
1   tengo que
2   tienes que
3   hay que / tienes que
4   hay que / tienes que
5   tenemos que
6   hay que / tienes que

Ejercicio 11 p.162
1   Hay que caminar despacio.
2   No hay que tocar las obras de arte.
3   No hay que usar el teléfono móvil en las salas.
4   Hay que hacer cola.
5   No hay que introducir bebidas ni comidas a las salas.
6   Hay que dejar las mochilas en la consigna.

LECCIÓN 8 ¿A qué hora te levantas?

Actividad 1 p.165
1   Son las cinco en punto.
2   Es la una y cuarto.
3   Son las dos y media.
4   Son las diez menos cinco.
5   Son las cuatro menos cinco.
6   Son las siete menos cuarto/quince.
7   Son las dos menos diez.
8   Son las cinco menos veinticinco.

Actividad 2 p.165
1   9:00   2   6:15
3   1:30   4   2:40

Actividad 4 p.166
1   F   2   V   3   F
4   V   5   F

Actividad 6 p.168
1. se afieta
2. se maquilla
3. se pone la ropa
4. se cepilla los dientes
5. se seca el pelo
6. desayuna

Actividad 7 p.169
1. d
2. c
3. a
4. b

Actividad 9 p.171
1. F
2. V
3. F
4. V

Ejercicio 1 p.175
1. Son las cinco y cuarto de la mañana.
2. Es la una y veinticinco de la tarde.
3. Son las doce y veinte de la noche.
4. Son las once menos veinte de la mañana.
5. Son las ocho menos cinco de la tarde.
6. Son las once y media de la mañana.

Ejercicio 2 p.175
1. a las ocho
2. sobre/alrededor de las cuatro
3. a las cinco y media
4. desde las nueve de la mañana hasta las seis de la tarde
5. desde las siete hasta las veinte horas / de siete a veinte.

Ejercicio 3 p.176
1. una hora y cuarto / Setenta y cinco minutos
2. dos horas y media
3. cincuenta minutos
4. diez minutos
5. dos horas y cuarenta minutos / ciento sesenta minutos

Ejercicio 4 p.178
1. nos duchamos
2. me pongo
3. nos lavamos
4. me quito
5. Se seca
6. Me visto

Ejercicio 5 p.179
1. me pongo
2. te sientas
3. se pinta
4. nos acostamos
5. se baña
6. lavaros

Ejercicio 6 p.179

Normalmente José se despierta a las siete. Se levanta de la cama y se lava el pelo con agua caliente. Después de secarse con una toalla se viste rápidamente. Desayuna un café con un bollo y sale de casa para la universidad. Llega a la facultad a las nueve menos diez y asiste a clase hasta el mediodía. Luego almuerza con sus amigos en un restaurante cerca de la universidad a las doce y media. Suele comer el menú del día. Por la tarde cuando termina todas las clases, va a la sala de su club y allí juega al bádminton. Luego vuelve a su casa en metro. Descansa un poco y cena. Antes de acostarse, se ducha y se pone el pijama. Se acuesta a las doce en punto.

Ejercicio 7 p.180
1. se ven
2. nos comunicamos
3. se conocen
4. se dan
5. os abrazáis, veros

Claves de respuestas

Ejercicio 8 p.180

1. b
2. a
3. d
4. c

LECCIÓN 9 ¿Quién es tu jugador favorito?

Actividad 1 p.183

1. e
2. a
3. d
4. c
5. b

Actividad 4 p.184

1. Quieren ir al teatro.
2. Van a ver una obra de Lorca.
3. Prefiere sentrarse/estar (bien) adelante.
4. Pablo va a reservarlas.

Actividad 5 p.186-187

1. violín - Itzhak Perlman
   piano - Seong-Jin Cho
   batería - Ringo Starr
   saxofón - Kenny G
2. ciclismo - Rigoberto Urán
   golf - Tiger Woods
   natación - Michael Phelps
   patinaje sobre hielo–Yuna Kim

Actividad 9 p.189

1 – 4 – 2 – 6 – 7 – 3 – 5 – 8

Ejercicio 1 p.193

1. a
2. d
3. b
4. c
5. e

Ejercicio 2 p.194

1. Mi amigo me lo enseña.
2. El médico se la recomienda.
3. El peluquero siempre me lo corta muy corto.
4. La abuela se los cuenta.
5. El vendedor os las muestra.

Ejercicio 3 p.194

1. Te lo
2. se los
3. se la
4. Se lo
5. Os lo

Ejercicio 4 p.195

1. sabe
2. saben
3. sabes
4. conoces, sé, conozco
5. conoce, sabe
6. sabemos

Ejercicio 5 p.197

1. No hay ningún estudiante excelente en esta clase.
2. No hay nada divertido en la clase de español.
3. Nunca me gusta asistir a la clase de español.
4. No hay nadie cómico en el aula.
5. Ningún compañero de clase duerme ahora.

Ejercicio 6 p.198

1. b
2. d
3. a
4. c

Ejercicio 7 [respuestas posibles] p.198

1. ¿Tienes algún libro de texto fácil?
2. ¿Siempre picas entre comidas?
3. ¿Hay alguien en tu casa por la tarde?
4. ¿Hay algo de comer en la nevera?

Traducciones de los diálogos | 대화 번역

LECCIÓN 1 ¡Hola! ¿Qué tal?

TEMA 1 Los saludos y las despedidas

A 안녕. 좋은 아침이야, 안토니오. 어떻게 지내?
B 잘 지내, 고마워. 마리아, 너는 어떻게 지내?
A 아주 좋아, 음…… 다음에 보자!
B 잘 가.

A 안녕하세요, 마르티네스 씨. 어떻게 지내세요?
B 나는 잘 지내고 있어요. 당신은요?
A 매우 잘 지내요, 감사해요. 안녕히 가세요. 좋은 하루 되세요.
B 곧 봐요.

TEMA 2 Los nombres y los apellidos

A 안녕. 네 이름은 뭐니?
B 내 이름은 수사나야. 네 이름은 뭐니?
A 나는 다니엘이야.
B 만나서 반가워, 다니엘.
A 나 역시 반가워. 수사나, 네 성은 무엇이니?
B 내 성은 김이야.
A 어떻게 쓰지?
B K-I-M 이렇게 써.
A 정말 고마워.
B 천만에.

TEMA 3 El número de teléfono y el correo electrónico

A 네 전화번호는 무엇이니?
B 010-1324-5678번이야.
A 네 이메일 주소는 어떻게 되니?
B abc98@hotmail.com이야.

TEMA 4 Las profesiones y los lugares de trabajo

A 하비에르, 넌 어떤 일을 하니?
B 난 과학자야. 페넬로페 너는?
A 난 간호사야.

LECCIÓN 2 ¿Cómo eres?

TEMA 1 El aspecto físico y el carácter

A 네 친구 카를로스는 어떠니?
B 키가 크고, 마르고, 검은 머리를 갖고 있어.
A 그의 성격은 어떤데?
B 상냥하고 재미있어. 하지만 조금은 게을러.

TEMA 2 Los colores

A 네 자동차 어때?
B 크고 편해.
A 무슨 색이야?
B 흰색이야.

TEMA 3 Los países, las nacionalidades y los idiomas

A 너 스페인어 잘한다. 어느 나라 출신이니?
B 난 한국 사람이야.
A 다른 언어들도 말할 줄 아니?
B 어……, 영어도 좀 해.

LECCIÓN 3 ¿Dónde estás?

TEMA 1 El aula

A 네 강의실에는 무엇이 있니?
B 많은 것들이 있지. 책상, 의자, 책…….
A 프로젝터도 있니?
B 응. 새 것이고 품질도 좋아.

TEMA 2 La ubicación

A 아주머니, 죄송한데요. 마라비야 시장은 어디에 있죠?
B 자, 여기서 멀지 않아요. 콰트로 카미노스역 옆에 있어요.
A 감사합니다. 질문이 하나 더 있는데요. 그곳에는 정육점도 많아요?
B 물론이죠. 많이 있습니다.

TEMA 3 Los estados físicos y anímicos

A 안녕, 후안. 어떻게 지내?
B 그저 그래. 내일 시험이 두 개 있어서 너무 긴장돼. 너는? 어떻게 지내?
A 나는 잘 지내. 더 이상 시험이 없어.
B 축하해.

LECCIÓN 4 ¿Qué clases tomas este semestre?

TEMA 1 Las asignaturas

A 이번 학기 몇 과목 듣니?
B 네 과목 들어. 경제학, 역사, 문학, 스페인어.
A 스페인어는 누가 가르치시니?
B 아…… 오르테가 교수님.

TEMA 2 Acciones habituales

A 외식 자주 하니?
B 응. 난 꽤 바쁜 일상을 보내고 있거든. 너는? 얼마나 자주 외식하니?
A 난 절대 안 해. 우리 엄마가 요리를 잘하시거든.

TEMA 3 Las preguntas

A 무엇을 읽고 있어요?
B 내 수업 학생들의 이메일을 읽고 있어요.
A 왜 그렇게 많은 이메일을 받나요?
B 늘 그렇듯이 질문들이 많으니까요.

LECCIÓN 5 ¿Cuánto cuesta?

TEMA 1 Los precios

A 이 바나나 얼마예요?
B 1킬로당 2유로입니다.
A 2킬로 주세요.

TEMA 2 La ropa

A 있잖아, 노란색 셔츠의 그 남자는 누구지?
B 아, 스페인어 교수님이셔. 아주 재미있는 분이고 진짜 잘 가르치셔.
A 정장 입은 사람도 교수님이야?
B 아니, 그는 같은 반 친구야. 항상 정장을 입고 다녀.

TEMA 3 Los planes

A 너 이번 토요일에 뭐 할 거야?
B 친구들 몇 명이랑 밤에 놀러 나가려고.
A 어디로?
B 식사하고, 그다음에는 춤추러 갈 거야. 너는? 뭐 할 거야?
A 계획 없어. 집에 있을 거야.

LECCIÓN 6 ¿Cómo es tu familia?

TEMA 1 La familia

A 너는 형제들이 있어?
B 응. 남자 형제 한 명과 여자 형제 한 명이 있어. 남자 형제는 나보다 나이가 많고 결혼도 했어. 그와 그의 부인은 예쁜 딸도 있어.
A 그럼 여자 형제는?
B 매우 성실한 대학생이야. 걔는 공부하는 것밖에 관심이 없어. 못 믿겠지만!

TEMA 2 Los pasatiempos

A 너는 친구들과 축구하는 것을 좋아하니?
B 응, 굉장히 좋아해. 너는?
A 나는 별로 안 좋아해. 축구 많이 하니?
B 거의 일요일마다 축구해.

TEMA 3 — Comida y bebida

A 네가 좋아하는 음식은 뭐니?
B 피자와 감자튀김을 곁들인 햄버거가 내가 좋아하는 거야. 너무 좋아해.
A 나는 패스트푸드는 좋아하지 않아. 엄마 음식이 더 좋아.
B 당연하지. 집밥은 비교할 수가 없어.

LECCIÓN 7 — ¿Qué tiempo hace hoy?

TEMA 1 — Los meses y las estaciones

A 네 생일 언제니?
B 10월 1일이야.

TEMA 2 — El tiempo

A 오늘 날씨 어때?
B 좋은 날씨야.
A 오늘 최고 기온은 몇 도니?
B 21도야.

TEMA 3 — Los días festivos

A 섣달그믐 날이 언제지?
B 12월 31일이지.
A 너희 나라에서는 그날을 어떻게 보내니?
B 우리 나라, 스페인에서는 12시에 포도알 12개를 먹어.

TEMA 4 — Las tareas domésticas

A 에이그……, 집이 너무 더럽다. 우리 청소해야 해.
B 그러자, 음, 난 설거지를 할게.
A 좋아. 그럼 난 뭐 해?
B 청소기 좀 돌려 줄래?
A 그럼, 문제 없어.

LECCIÓN 8 — ¿A qué hora te levantas?

TEMA 1 — La hora

A 몇 시니?
B 2시 10분이야.
A 너 스페인어 수업 몇 시에 있지?
B 나 3시 30분에 있어.
A 수업은 얼마 동안 하니?
B 50분 동안 해.

TEMA 2 — Mi rutina diaria

나는 아침 7시에 잠을 깬다.
↓
나는 즉시 일어난다.
↓
나는 15분간 샤워를 한다.
↓
나는 머리를 말린다.
↓
나는 머리를 빗는다.
↓
나는 화장을 빨리 한다.
↓
나는 아침으로 우유와 함께 시리얼을 먹는다.
↓
나는 이를 닦는다.
↓
나는 8시 10분 전에 집을 나선다.
↓
나는 대학교 수업들에 참석한다.
↓
나는 내 친구들과 함께 점심 먹는다.
↓
수업 후에 나는 집으로 돌아온다.
↓
나는 식구들과 저녁을 먹는다.
↓
나는 세수를 하고 이를 닦는다.
↓
나는 12시에 잠자리에 든다.

TEMA 3　Mis seres queridos

A 내일 우리 친구 파코의 생일이야.
B 몇 살이 되는 거지?
A 스물한 살이 돼. 그것을 축하하기 위해서 집에서 큰 파티를 열자. 하지만 깜짝 파티여야 해.
B 물론이지. 나는 케이크와 마실 것을 담당할게.
A 아, 나는 전형적인 한국 요리를 준비할 거야. 파코는 한국 음식 너무 좋아하거든.

LECCIÓN 9　¿Quién es tu jugador favorito?

TEMA 1　El arte y la cultura

A 너는 스페인 예술 좋아하니?
B 물론이지. 난 가우디 건축물을 정말 좋아해.

TEMA 2　Las aficiones y el ocio

A 넌 여가 시간에 뭐 하는 것을 좋아하니?
B 나는 운동하는 것과 요리하는 것을 좋아해. 축구와 농구를 하지. 너는? 너는 취미가 뭐야?
A 내 취미는 언어를 배우는 거야. 스페인어와 영어를 정말 좋아해.

TEMA 3　Los medios de transporte

A 학교 가기 위해 어떤 교통수단 이용하니?
B 먼저 지하철을 타고 중앙 광장에서 버스를 타.
A 얼마나 걸려?
B 한 시간 걸려.

Transcripciones | 듣기 활동 대본·읽기 지문 번역

LECCIÓN 1 ¡Hola! ¿Qué tal?

Actividad 1

1.
   - A ¡Hola, Javier! ¿Qué tal?
   - B Bien. ¿Y tú?
   - A Genial, muy bien.

2.
   - A Buenos días, señor Kim. ¿Cómo está Ud.?
   - B Muy bien, gracias.

3.
   - A ¡Hola, Elena! ¿Cómo estás?
   - B Así, así. Estoy regular.

4.
   - A ¡Hasta luego, Susana!
   - B ¡Chao! ¡Adiós!

1.
   - A 안녕! 하비에르. 잘 지내?
   - B 잘 지내, 너는?
   - A 매우 잘 지내.

2.
   - A 좋은 아침이에요, 김 씨. 어떻게 지내요?
   - B 잘 지내요. 감사합니다.

3.
   - A 안녕! 엘레나. 잘 지내?
   - B 그저 그래. 보통이야.

4.
   - A 다음에 봐, 수사나!
   - B 안녕! 잘 가!

Actividad 3

Esteban, Miguel, Carlos, Rafael, Alfredo, Sebastián, Marta, Ana, Violeta, Cristina, Estela

Actividad 5

1.
   - A ¿Cómo te llamas?
   - B Me llamo Paloma.
   - A ¿Cómo se escribe?
   - B P-A-L-O-M-A
   - A ¡Más despacio, por favor!
   - B P-A-L-O-M-A
   - A ¿Tu apellido, por favor?
   - B Mi apellido es García.
   - A ¿Cómo se escribe?
   - B G-A-R-C-I-A.
   - A Muchas gracias.
   - B De nada.

2.
   - A ¿Cuál es tu nombre?
   - B Mi nombre es Alejandro.
   - A ¿Cómo se escribe tu nombre?
   - B A-L-E-J-A-N-D-R-O.
   - A ¿Cómo? ¡Otra vez, por favor!
   - B A-L-E-J-A-N-D-R-O.
   - A ¿Cuál es tu apellido? ¿Y cómo se escribe?
   - B Es Fernández. F-E-R-N-A-N-D-E-Z.
   - A Gracias.

1.
   - A 너 이름이 뭐야?
   - B 내 이름은 팔로마야.
   - A 어떻게 쓰니?
   - B P-A-L-O-M-A야.
   - A 좀 더 천천히 말해 줘.
   - B P-A-L-O-M-A야.
   - A 성은 어떻게 돼?
   - B 내 성은 가르시아야.
   - A 철자가 어떻게 돼?
   - B G-A-R-C-I-A야.
   - A 고마워.
   - B 천만에.

2.
   - A 너 이름이 뭐야?
   - B 내 이름은 알레한드로야.
   - A 네 이름 어떻게 쓰니?
   - B A-L-E-J-A-N-D-R-O야.
   - A 뭐라고? 다시 한 번만 알려 줘.
   - B A-L-E-J-A-N-D-R-O.
   - A 성은 뭐야? 그리고 어떻게 써?
   - B 페르난데스야. F-E-R-N-A-N-D-E-Z.
   - A 고마워.

| LECCIÓN 2 | ¿Cómo eres? |

Actividad 8

Carlos	Buenos días, me llamo Carlos.
Marisol	Hola, Carlos. ¿Eres nuevo en esta clase?
Carlos	Sí, soy nuevo.
Marisol	¿De dónde eres?
Carlos	Soy brasileño, de San Pablo.
Marisol	Hablas muy bien el español. ¿Cuántos idiomas hablas?
Carlos	Hablo tres idiomas: portugués, español e inglés.

카를로스	좋은 아침, 내 이름은 카를로스야.
마리솔	안녕, 카를로스. 네가 이번 수업에 새로 온 친구니?
카를로스	응, 새로 왔어.
마리솔	너는 어디 출신이니?
카를로스	나는 브라질 상파울루 출신이야.
마리솔	스페인어 굉장히 잘하네. 몇 개 언어를 할 줄 아니?
카를로스	나는 3개의 언어 할 줄 알아. 포르투갈어, 스페인어 그리고 영어.

| LECCIÓN 3 | ¿Dónde estás? |

Actividad 6

1. La cómoda está a tu izquierda, y al lado de la cama.
2. La silla está frente al escritorio.
3. La estantería está a la derecha del armario y allí hay muchos libros.
4. En el centro de la habitación hay una alfombra. Es redonda.

1. 옷장이 너의 왼쪽에 있고 침대 옆에 있어.
2. 의자가 책상 앞에 있어.
3. 책장이 옷장 오른쪽에 있고 거기에는 많은 책들이 있어.
4. 방 가운데에는 카펫이 있어. 둥근 모양이야.

Actividad 10

Mi casa no es grande, pero tampoco es pequeña. Tiene un salón comedor, una cocina, dos cuartos de baño y tres dormitorios. En casa vivimos mis padres, mi hermana y yo. También tenemos un perro. En el salón hay muchas cosas: un televisor grande, un sofá largo, un sillón, un equipo de música, dos lámparas y una mesa con cuatro sillas. En el cuarto de mis padres solo hay dos cosas: un armario grande para la ropa y una cama. En la habitación de mi hermana hay una cama, un armario, una cómoda, un tocador y una estantería grande porque ella es muy estudiosa. En mi habitación hay una cama, un armario pequeño, un escritorio, una silla y un ordenador.

우리 집은 크지는 않지만 작지도 않다. 식당 겸 거실, 부엌, 욕실 두 개 그리고 방 세 개가 있다. 부모님, 여동생 그리고 내가 그 집에서 산다. 우리는 개도 한 마리가 있다. 거실에는 많은 것이 있다. 대형 TV, 긴 소파, 안락의자, 음향 기기, 두 개의 등, 의자 네 개와 식탁이 있다. 부모님 방에는 커다란 옷장 하나와 침대 이렇게 딱 두 개만 있다. 여동생 방에는 침대, 옷장, 서랍장, 화장대 그리고 열심히 공부하는 학생이라 큰 책장도 있다. 내 방에는 침대, 작은 옷장, 책상, 의자, 컴퓨터가 있다.

LECCIÓN 4 ¿Qué clases tomas este semestre?

Actividad 5

Esta noche hay una fiesta en el piso de Manolo y Jorge. Todos los estudiantes cantan y bailan. Una persona toca la guitarra y otras personas escuchan la música. Cristina bebe una Coca-Cola. Cecilia habla con un amigo. Antonio, que es de Perú, desea enseñarles a todos un baile de su país. Sin embargo, todas las chicas desean bailar con el estudiante chileno, Carlos. ¡Él baila muy bien! La fiesta es estupenda, pero todos necesitan regresar a casa o a la residencia estudiantil temprano. ¡Hay clases mañana!

오늘 밤 마놀로와 호르헤의 아파트에서 파티가 열리고 있다. 모든 학생들이 노래를 부르고 춤을 추고 있다. 한 사람은 기타를 연주하고 다른 사람들은 음악을 듣고 있다. 크리스티나는 코카콜라를 마시고 있다. 세실리아는 친구 한 명과 이야기하고 있다. 안토니오는 페루 출신인데, 모두에게 페루의 춤을 가르치고 싶어 한다. 하지만, 모든 여자 아이들은 칠레인 학생인 카를로스와 춤을 추고 싶어 한다. 그가 춤을 아주 잘 추기 때문이다! 파티는 근사하지만, 모든 사람들은 집이나 기숙사로 돌아가야 한다. 내일 수업이 있기 때문이다!

Actividad 9

Los Sres. Botero buscan un regalo para su hija Pilar porque el viernes es su cumpleaños. El Sr. Botero cree que Pilar necesita una mascota. Como sus animales favoritos son los gatos, él planea comprar un gato persa para su hija. La Sra. Botero dice: "Pero, mi amor, Pilar no es muy responsable. Además, tus hermanos ya tienen mascotas y vivimos cerca de ellos. Te aconsejo encontrar un regalo más útil para nuestra hija". Por eso, los Botero deciden ir a la tienda de su amigo, don Alsonso, y comprar un ordenador portátil para Pilar.

보테로 부부는 그들의 딸 필라르를 위한 선물을 찾고 있다. 왜냐하면 금요일이 그녀의 생일이기 때문이다. 보테로 씨는 필라르에게 애완동물이 필요하다고 생각한다. 그녀가 가장 좋아하는 동물이 고양이이기 때문에 그는 그녀를 위해 페르시아 고양이를 사기로 결심한다. 보테로 부인이 말하길 "하지만, 여보, 필라르는 그렇게 책임감이 있는 편은 아니잖아요. 게다가 당신 형제들이 이미 애완동물을 가지고 있고 우리는 그들과 매우 가까이에 살고 있잖아요. 나는 당신이 우리 딸에게 좀 더 유용한 선물을 찾길 권해요." 그래서 보테로 부부는 그들의 친구인 알론소 씨 가게에 가서 필라르를 위해 노트북을 사기로 결정한다.

LECCIÓN 5 ¿Cuánto cuesta?

Actividad 5

Andrés lleva chaleco, pajarita y pantalones.

Beatriz lleva sudadera con capucha, calcetines y gorra.

Cecilia lleva abrigo, bufanda y botas.

안드레스는 양복 조끼, 나비넥타이 그리고 바지를 입고 있다.
베아트리스는 후드 티를 입고 있고, 양말을 신고 모자를 쓰고 있다.
세실리아는 외투를 입고 목도리를 하고 부츠를 신고 있다.

Actividad 9

A ¿Qué van a hacer ustedes este verano?
B Nosotros vamos a viajar a Cancún. Mi esposa y yo vamos a pasar unos días en la playa.
A ¿Y dónde van a dormir?
B En un hotel cerca del mar. ¿Qué plan tiene para estas vacaciones?
A Pues, nada. Voy a trabajar todo el verano.

A	이번 여름에 당신들은 무엇을 할 건가요?
B	우리는 칸쿤 여행을 갈 거예요. 내 아내와 나는 해변에서 며칠을 보낼 거예요.
A	어디에서 주무실 거예요?
B	해변 근처에 호텔이 하나 있어요. 이번 휴가 때에 당신은 어떤 계획이 있으세요?
A	글쎄요. 아무것도요. 여름 내내 일을 할 거예요.

LECCIÓN 6 ¿Cómo es tu familia?

Actividad 3

Mi familia...

En mi familia somos tres: mis padres y yo. Mi padre se llama Miguel, tiene cincuenta y cuatro años y trabaja en una sucursal del Banco Santander. Es de estatura mediana y un poco gordo. Le gusta mucho comer carne pero no le gusta ni andar ni hacer ejercicio. Pero es muy trabajador. Casi todos los días regresa muy tarde a casa. Mi madre se llama Azucena, tiene la misma edad que mi padre y es profesora. Da clases de inglés en una escuela. Es alta y delgada. Le gusta pasear por el barrio con sus amigas después de cenar. En cuanto a mí, me llamo Verónica. Estudio Biología en la universidad. Soy muy activa y me gusta practicar deportes, sobre todo, el tenis.

우리 가족은 부모님 두 분과 나, 이렇게 세 명이다. 우리 아버지는 성함이 미겔이고, 연세는 54세이며 산탄데르 은행의 한 지점에서 일하신다. 중간 키에 약간은 뚱뚱하시다. 아버지는 고기 드시는 것을 무척 좋아하시지만 걷는 것도 운동하시는 것도 좋아하시지는 않는다. 그러나 일을 많이 하신다. 거의 매일 늦게 퇴근하신다. 우리 어머니는 성함이 아수세나이시고, 아버지와 동갑이고 선생님이시다. 학교에서 영어 수업을 담당하신다. 키도 크시고 날씬하시다. 어머니는 저녁 식사 후에 친구분들과 동네 산책하는 것을 좋아하신다. 나에 대해 말하자면, 내 이름은 베로니카이다. 대학에서 생물학을 공부하고 있다. 나는 매우 활동적이며 운동, 특히 테니스를 치는 것을 좋아한다.

Actividad 8

A	Buenas noches. ¿Qué desean?
B	Yo, de primero, una paella de mariscos. Y de segundo una chuleta de cerdo. Para mi mujer, de primero un gazpacho y de segundo un filete de bacalao, por favor.
A	¿Y para beber?
B	Para mí una copa de vino tinto y para mi mujer una cerveza.
A	Y de postre, ¿qué prefieren?
B	¿Qué tienen de postre?
A	Tenemos flan, helado y fruta del tiempo.
B	Un helado de vainilla y un flan.
A	Sí, señor.

A	안녕하세요, 무엇을 드실 건가요?
B	저는, 전채 요리로 해산물 파에야요. 그리고 주요리로 돼지갈비를 주세요. 제 와이프는요, 전채 요리로 가스파쵸를 주시고 주요리로 대구 필레테를 주세요.
A	음료는요?
B	저는 적포도주 한 잔을 주시고, 와이프는 맥주 한 병 주세요.
A	후식으로는 무엇을 드시겠어요?
B	후식은 뭐가 있어요?
A	푸딩과 아이스크림, 그리고 계절 과일이 있습니다.
B	바닐라 아이스크림과 푸딩 주세요.
A	네, 알겠습니다.

LECCIÓN 7 ¿Qué tiempo hace hoy?

Actividad 8

Buenos días, amigos. Ahora están escuchando en la Radio Hispánica UBC el pronóstico del tiempo para toda América.

Hoy es lunes, diez de julio. Para empezar América del Sur, en Buenos Aires, Argentina, está muy nublado y llueve ocasionalmente. En San Pablo, Brasil hace fresco y sol.

Y ahora, el pronóstico del tiempo para el Caribe. En La Habana, Cuba, hay tormenta. Va a haber relámpagos y truenos.

Y, finalmente, aquí en Miami, los EEUU ¡tenemos un día hermoso! La temperatura va a llegar a los 28 grados. Va a hacer sol toda la tarde.

Este ha sido el pronóstico del tiempo para hoy, lunes, diez de julio.

¡Muchas gracias por su atención!

안녕하세요, 여러분. 이제 스페인어 라디오 채널 UBC에서 라틴 아메리카 지역의 날씨 예보를 들으시겠습니다.

오늘은, 7월 10일 월요일입니다. 남미 지역부터 말씀드리면, 아르헨티나의 부에노스아이레스는 구름이 많이 끼고 종종 비가 오겠습니다. 브라질 상파울루는 화창하고 시원한 날씨가 되겠습니다.

자 이제, 카리브 날씨 예보입니다. 쿠바의 하바나에는 강풍이 옵니다. 천둥 번개를 동반할 예정입니다.

마지막으로, 이곳 미국 마이애미는 날씨가 환상적입니다! 최고 기온이 28도에 달하고 오후 내내 맑은 날씨가 지속될 예정입니다.

이상 7월 10일 월요일 오늘의 날씨였습니다.

청취해 주셔서 대단히 감사합니다.

LECCIÓN 8 ¿A qué hora te levantas?

Actividad 2

1 Son las nueve en punto.
2 Son las seis y cuarto.
3 Es la una y media.
4 Son las tres menos veinte.

---

1 9시 정각입니다.
2 6시 15분입니다.
3 1시 30분입니다.
4 2시 40분입니다.

Actividad 4

Hombre	Por fin mañana nos vamos de viaje. ¿A qué hora salimos de casa?
Mujer	Como tardamos una hora en llegar al aeropuerto, vamos a salir a las siete de la mañana.
Hombre	Pero, ¿a qué hora es el vuelo?
Mujer	El vuelo es a las diez y media.
Hombre	Entonces, ¿por qué no salimos una hora antes, a las seis? Así podemos desayunar tranquilamente en el aeropuerto.
Mujer	¡Buena idea!

남자	드디어 내일 우리가 여행을 가는구나. 몇 시에 출발할까?
여자	공항에 도착하는 데 한 시간 걸리니까 아침 7시에 출발하자.
남자	그런데 몇 시 비행기야?
여자	10시 30분 비행기야.
남자	그러면 1시간 일찍 6시에 출발하는 게 어때? 공항에서 차분하게 아침 먹을 수 있으니까 말이야.
여자	좋은 생각이야!

Transcripciones

Actividad 7

1. Marisa se quita los zapatos al entrar a casa.
2. Javier tiene mucho sueño y, por eso se acuesta temprano.
3. Como hace mucho frío, Lourdes se pone el abrigo.
4. Víctor se ducha después de hacer ejercicio.

---

1. 마리사는 집에 들어갈 때 신발을 벗는다.
2. 하비에르는 매우 졸려서 일찍 잠자리에 든다.
3. 날씨가 무척 춥기 때문에 루르데스는 외투를 입는다.
4. 빅토르는 운동한 후에 샤워를 한다.

Actividad 8

Normalmente, me despierto a las seis de la mañana. Me levanto y me pongo la ropa. Luego desayuno y me cepillo los dientes antes de salir. Mis clases empiezan a las nueve. Tardo una hora en llegar a la facultad. Por eso, salgo de casa a las ocho. Asisto a las clases por la mañana. Generalmente almuerzo con mis amigos en el comedor de la universidad. Después de las clases a veces charlo con mis compañeros o voy a la biblioteca para estudiar. Vuelvo a casa y ceno con mi familia a las siete. En mi cuarto hago las tareas para las clases, reviso los correos electrónicos y navego por Internet. Me baño antes de acostarme. Normalmente, me acuesto a las once y media.

보통 나는 아침 6시에 잠에서 깬다. 일어나서 옷을 입는다. 그 다음 아침을 먹고 나가기 전에 양치를 한다. 수업은 9시에 시작한다. 대학에 도착하기까지 한 시간이 걸린다. 그래서 나는 집에서 8시에 나간다. 나는 아침 수업을 듣는다. 보통 학교 식당에서 학우들과 점심을 먹는다. 수업이 끝나면 종종 친구들과 수다를 떨거나 도서관에 공부를 하러 간다. 집에 돌아와서 7시에 가족들과 저녁을 먹는다. 내 방에서 숙제를 하고 메일을 확인하고 인터넷 서핑을 한다. 나는 잠들기 전에 목욕을 한다. 보통 밤 11시 반쯤 잠자리에 든다.

Actividad 9

El saludo es una forma de mostrar cortesía o amabilidad hacia los demás. En general, darse la mano es el saludo más extendido en todo el mundo. Sin embargo, hay maneras diferentes de saludar según las culturas.

Por ejemplo, en España, otro saludo muy frecuente es darse dos besos como entre mujeres o entre hombre y mujer. Se dan un beso en cada mejilla. Aunque en España entre hombres no se dan besos nunca, en Argentina un beso en la mejilla entre hombres es normal. Los coreanos, al encontrarse a un conocido, inclinan la cabeza levemente como muestra de respeto. En Nueva Zelanda, el saludo de la cultura maorí consiste en juntar la frente y la nariz con las de la otra persona para intercambiar el aliento sagrado. En el Tíbet, sacar la lengua y sacudirla es un saludo cordial.

인사는 다른 사람에게 예의나 친절을 나타내는 방식이다. 일반적으로 악수하는 것이 세계적으로 가장 널리 쓰이는 인사이다. 하지만 문화에 따라 인사 방법이 다르다.

예를 들면, 스페인에서 흔한 또 다른 인사법은 여자들 사이나 여자와 남자 사이에 하는 '도스 베소스'이다. 각 뺨에 한 번씩 입맞춤을 한다. 스페인에서는 남자끼리는 절대 입맞춤 인사를 하지 않지만, 아르헨티나에서는 남자들끼리도 볼에 입맞춤하는 것이 예사이다. 한국인들은 아는 사람을 만나면 존경의 표시로 머리를 약간 숙여 인사한다. 뉴질랜드의 마오리족 문화는 인사가 코와 이마를 서로 마주 대고 성스러운 숨결을 나누는 것이다. 티벳에서는 혀를 내어서 흔드는 것이 정중한 인사이다.

LECCIÓN 9 ¿Quién es tu jugador favorito?

Actividad 4

Pablo	Raquel, ¿quieres ir al teatro mañana? Representan una obra de Lorca.
Raquel	Buena idea, Pablo. Vamos a verla.
Pablo	Tiene muy buena crítica. Además, los actores son excelentes.
Raquel	Tenemos que comprar las entradas.
Pablo	¿En qué fila quieres sentarte?
Raquel	Prefiero estar bien adelante.
Pablo	Vale. Voy a reservar las entradas.

파블로	라켈, 내일 연극 보러 갈래? 로르카 작품 한대.
라켈	좋은 생각이야, 파블로. 그거 보러 가자.
파블로	평도 매우 좋아. 배우들도 뛰어나대.
라켈	우리 표를 사야겠다.
파블로	넌 어떤 줄에 앉길 원해?
라켈	매우 앞쪽이 좋아.
파블로	알겠어. 표 예약할게.

Actividad 6

Una de mis aficiones es practicar deportes. En especial me gusta el fútbol. Mi jugador preferido es Cristiano Ronaldo.

Mi otra afición es la lectura. Me gustan las novelas de misterio y fantasía.

Los fines de semana voy al cine con frecuencia porque me gusta el cine tanto coreano como extranjero. Pero no tengo ningún actor favorito.

A veces me relaja bastante pintar y tocar el violín. También me gusta irme de fiesta con mis amigos.

내 취미 중 하나는 운동하는 것이다. 특히 축구를 좋아한다. 가장 좋아하는 선수는 크리스티아노 호날두이다.

또 다른 취미는 독서이다. 추리 환상 소설을 좋아한다.

주말에는 곧잘 영화를 보러가는데, 국내 영화뿐만 아니라 해외 영화도 좋아한다. 하지만, 좋아하는 배우는 없다.

가끔씩 그림 그리는 것과 바이올린 연주하는 일은 내 심신을 꽤 안정시킨다. 친구들과 파티에 가는 것도 좋아한다.

Glosario | 색인

a (la) medianoche	164, 172, 175
a la derecha de	65, 72
a la izquierda de	65, 72
a la semana	86, 91
a menudo	85, 91
a pie	188, 191
a tiempo	191
a veces	86, 91
a(l) mediodía	164, 172, 175
abierto/a	72
abrazar	172
abrigo	55, 105, 110
abril	143, 152
abrir	85, 90, 93
abrocharse	191
abuelo/a	120, 124, 130
aburrido/a	70, 73, 189
acabar de	131
acampar	144, 153
acción habitual	91
aceite de oliva	129, 130
aconsejar	90
acostarse	172, 177
actor	30, 32
actriz	30, 32, 33
adelante	191
además	91
administración de empresas	83, 90
aduana	191
aeropuerto	173
afeitarse	168, 172, 177
afuera	91, 144
agobiante	189, 191
agosto	143, 152
agresivo/a	41, 48
agua con gas	130
agua mineral	128, 130
agua sin gas	128, 130
aguacate	100, 110
ajo	129
al año	91
al día	86, 91
al final de	65, 72
al fondo de	65, 72
al lado de	64, 65, 72
al mes	91
alegre	70, 73, 79
alemán	45, 47, 49
alemana	47, 49
Alemania	45, 47, 48
alfombra	72
álgebra	90
aliento	173
almorzar	131, 132
almuerzo	130, 167
alto/a	40, 48
amabilidad	173
amable	40, 41, 48
amarillo/a	42, 48, 102
(mejor) amiga	31, 32
(mejor) amigo	31, 32, 40, 56
América Latina	44, 48
anaranjado/a	48
andaluz	131
andar	188, 191
andar en bicicleta	124, 130, 144

222 Curso de español 1 - Inicial

añil	42, 102
animal	91
año	49
antes de	173
antropología	83, 90
apagado/a	72
apellido	24, 30
aprender	90, 92, 185, 186
Argentina	44, 45, 48
arcoiris	49
aritmética	83, 90
armario	72
arquitecto/a	30
arquitectura	182, 190
arreglar	153
arroba	27, 31
arroz (blanco)	126, 130
arte	83, 90
asiento	191
asistir a	85, 90, 93, 167
atención	153
atención médica	111
atlético/a	41, 48
auditorio	190
aula	62, 72
auto	191
autobús	73, 188, 191
avión	188, 191
ayudar	172
azúcar	130
azul (claro, oscuro)	42, 48, 55, 79

B

bacalao	130
bailar	85, 90, 106, 107
baile	91
bajarse de	191
bajo/a	40, 48, 65
bañador	110
bañarse	172, 177
barco	73
(cuarto de) baño	72
barato/a	189, 191
barco	188, 191
barrio	73
bate de béisbol	73, 111
beber	85, 90, 92
bebida	111, 130, 170, 173
Bellas Artes	90, 182
besar	172
bastante	85, 91
biblioteca	29, 31
biblioteca pública	73
bibliotecario/a	29, 30
bici(cleta)	131, 144, 188, 191
biología	83, 90
bistec	127, 130
blanco/a	42, 48, 102
blusa	102, 110
boca	111
boca de metro	73
bolígrafo	72
bonito/a	40, 48, 55
borrador	72
botas	105, 110
botella	130
Brasil	45, 48
brasileño/a	45, 49
británico/a	45, 49
broma	153
bucear	144, 153
bufanda	105, 111
burrito	128, 130
buscar	90, 92

cada día 91
(de color) café 48
café (americano, con leche) 127, 130
cafetería 29, 31, 70
cajero automático 73
calcetines 105, 110
calendario 152
callado/a 41, 48
cama 72
camarero/a 29, 30
caminar 92, 188, 191
camión 191
camisa 102, 110
camiseta 102, 110
camiseta sin mangas 152
Canadá 45, 48
canadiense 45, 49
canción 153
cansado/a 68, 70, 73, 189
cantante 30, 56
cantar 85, 90, 92
Caribe 153
carne 130
carnicería 64, 73
caro/a 55, 189, 191
carro 107, 111, 191
carta 153
casado/a 120, 130
casco de ciclista 111
católico/a 153
celebrar 90, 153, 170
cementerio 153
cena 128, 130
cenar 106, 107, 124, 131
cepillarse los dientes 172
cerca de 65, 72

cereales 126, 130
cereza 101, 110
cervecería 73
cerveza 91, 127
chachachá 182
chaleco 105, 110
chaqueta 102, 110
charlar 172, 190
chatear 131
Chile 44, 45, 49
chileno/a 45, 49
China 45, 49
chino 45, 49, 83
chino/a 45, 49
chocolate con churros 128, 130
chuleta de cerdo 128, 130
ciclismo 182, 187, 190
cielo 49, 79
ciencia 90
Ciencias Sociales 83, 90
científico/a 28, 30
cine 70, 73, 124, 131
cinturón 102, 110
cinturón de seguridad 191
clase 31, 70, 72, 82
clínica 110
clínica dental 70, 73
coche 32, 42, 50, 188, 191
cocinar 124, 185
cocinero/a 29, 31
colegio 73
colección 111
Colombia 44, 45, 49
colombiano/a 45, 49
comedia 182, 190
comedor 73, 173
comer 85, 90, 92, 144

comer afuera	144, 153
cómico/a	41, 48
comisaría	31
como siempre	88, 91
cómoda	72
cómodo/a	42, 49
compañero/a de clase	31
compañía aérea	191
compartir	90, 93
comprar	90, 92
computadora	72, 124, 186, 191
comunicación	83, 90
comunicarse con	172
con frecuencia	86, 91
coche	107, 111, 191
concierto	190
conducir	191
conocido	173
conservador/a	41, 48
consistir en	172
contabilidad	83, 90
contento/a	68, 70
conversar	85, 90
copa	130
corbata	102, 105, 110
corbata mariposa	110
cordial	173
Corea (del Sur, del Norte)	44, 45, 49
(nor)coreano/a	49
(sur)coreano/a	49
coreano	45, 49, 83
correo electrónico	27, 31, 173
correr	85, 90, 92
cortesía	173
cortina	72
costar	110
crítica	190

crucero	188, 191
cuaderno	72
cuarto	72, 96, 164, 167, 172
Cuba	44, 45, 48
cubano/a	45, 49
cultura	173, 182, 190
cumpleaños	91, 170
cumplir	153, 172
cumplir ~años	153
cuñado/a	120, 130
curso	90

dar una fiesta	90
dar una vuelta	144, 153
dar(le) de comer a	486
darse la mano	172, 180
de buen humor	70, 73
de estatura mediana	40, 48
de la mañana	164, 172
de la noche	164, 172
de la tarde	164, 172
de pelo corto	40, 48
de pelo largo	40, 48
de mal humor	70, 73
de pelo liso	40, 48
de pelo rizado	40, 48
de pie	68, 73
de postre	131
de primero	131
de segundo	131
de vez en cuando	86, 91
debajo de	65, 72
deber	90, 92
decidir	90, 93
delante de	65, 72

delgado/a	40, 48
dentro de	65, 72
dependiente/a	29, 31
deporte	131, 185, 187, 190
deportista	187, 190
desayunar	131
desayuno	128, 130, 167
desear	90
despacho	191
despertarse	172, 177
después de	91, 167
desventaja	191
detrás de	65, 72
Día de Año Nuevo	153
Día de la Indipendencia	153
Día de los Inocentes	148, 153
Día de los Muertos	148, 153
Día del Niño	148, 153
Día de los Reyes Magos	148, 153
Día de San Valentín	148, 153
Día de Todos los Santos	148, 153
dibujar	191
dibujo	190
diciembre	143, 148, 152
disciplina artística	190
difunto	153
dióxido de carbono	91
director/a de cine	190
discoteca	70, 110
diseñador/a	31
diseñador/a industrial	31
divertido/a	40, 41, 48, 70, 102
divorciado/a	120, 130
dólar	111
domingo	91, 123, 143
dormir	110, 124, 133, 185
dormitorio	72
drama	182, 190
ducharse	172, 177
duda	88, 91
durar	164, 172, 176

economía	82, 83, 90
edad	49, 131
egoísta	41, 48
elegante	124, 131
emocionante	153
empresa	29, 31
empresario/a	29, 31, 79
en	65, 72
encargarse de	172
en el centro de	65, 72
en punto	164, 172, 174
encima de	65, 73
encontrar	90
enero	143, 152
enfadado/a	68, 70
enfermero/a	28, 31
enfermo/a	68, 73
enfrente de	65, 73
enojado/a	68, 70, 73
ensalada (mixta)	127, 130
ensayo	182, 190
enseñar	82, 90, 92, 102, 192
entonces	173
en especial	191
en total	91
entrada	190
entre A y B	65, 73
entretenido/a	189, 191
entrevistar	90
equipo de música	72

escribir	85, 90, 93, 192
escritor/a	31, 72
escritorio	72
escuchar	90
escuela	29, 31
escultura	182, 190
España	44, 45, 47, 148
español	45, 49, 185
español/a	49
especialidad	90
especialista	31
espectáculo	190
esperar	90
esposa	111, 120
esposo/a	120, 130
esquiar	110, 144
Está (muy) nublado	145, 152
Está despejado	145, 152
estadio	70, 124, 190
Estados Unidos	45, 49
estadounidense	45, 49
estantería	72
estar	73, 75
estos días	91
estrella	49
estudiar	90, 92, 120
estudioso/a	73
euro	100, 111
Europa	44, 49
europeo/a	49
evento	190
examen	68, 73
excelente	173
explicación	91
extendido	173
exposición	190
extranjero/a	190

facturar el equipaje	191
facultad	173, 188
falda	55, 102, 110
farmacia	29, 31
favorito/a	31, 123, 126
febrero	143, 152
fecha	152
felicitar	153
feria	190
fiesta	31, 90, 170
fiesta sorpresa	170, 173
fila	190
filete de ternera	128, 130
filosofía	83, 90
fin de semana	91
física	83, 90
flamenco	131, 182
flan	130
flor	73
florería	73
forma	173
formal	173
francés	45, 49, 83
francesa	45, 49
Francia	45, 49
frecuentemente	86, 91
fregar el suelo	153
frente	173
frente a	65, 73
fresa	100, 110
fruta del tiempo	128, 130
fuera de	65, 85
función	190

G

gabardina	152
gafas de sol	110
galería	190
gazpacho	130
gato persa	91
gente	32, 73
geografía	83, 90
geometría	90
gerente	31
golf	123, 187, 190
gordo/a	40, 48
gorra de béisbol	111
gorro tejido	152
grande	42, 48, 56
gris	42, 48, 102
guantes	153
guapo/a	40, 48, 79
gustar	123, 124, 126, 131, 138, 182, 185

H

habitación	72
hablar	44, 49, 92
hablar por teléfono	90
Hace (mucho) calor	145, 152
Hace (mucho) fresco	145, 152
Hace (mucho) frío	145, 152
Hace (mucho) sol	145, 152
Hace (mucho) viento	145, 152
Hace (muy) buen tiempo	145, 152
Hace (muy) mal tiempo	145, 152
hacer	106, 110, 154
hacer cola	191
hacer deberes	172
hacer ejercicio	131, 173
hacer fotos	191
hacer pesas	107, 110
hacer tareas	172
hacer un muñeco de nieve	144, 153
hamburguesa	126, 130
hay	62, 64, 73, 74
hay demoras	189, 191
Hay niebla	152
Hay relámpagos	145, 152
Hay tormenta	145, 152
Hay truenos	145, 152
helado	130
hermano/a	31, 120, 130
hermoso/a	153
hidrógeno	91
hijo/a	91, 120, 130
hip hop	182, 190
hispanohablante	44, 153
historia	82, 83, 90
hombre	31, 32, 51, 102
hora	91, 164, 167, 172, 174, 188
horario	91
hospital	29, 31
huevo (revuelto, duro)	128, 130
humanidades	83, 90

I

iglesia	110
impermeable	152
impresora	72
inclinar la cabeza	173
incómodo/a	189, 191
incomparable	131
increíble	120, 131
indicado/a	191
informática	83, 90
ingeniería	83, 90

Inglaterra	45, 49
inglés	44, 45, 49
inglesa	44, 45, 49
ingrediente	130
inteligente	41, 48
intercambiar	173
invierno	142, 144, 152
invitado	31
invitar	90, 124
ir	90, 106
irse de fiesta	191
ir al cine	124, 131
ir al gimnasio	191
ir al supermercado	131
ir de compras	123, 131
ir de viaje	173
Italia	45, 47, 49
italiano/a	45, 49

J

jamón	127, 130
Japón	45, 49
japonés	45, 49, 83
japonesa	45, 49, 83
jazz	182, 190
jersey	152
joven	40, 48, 55, 79
jueves	91, 143
jugador/a	190
jugar	107, 110, 123, 124, 133
jugar a los videojuegos en la computadora	124, 131, 186, 191
jugar al baloncesto (a las cartas...)	153
jugar con el móvil	186, 191
jugo/zumo de naranja	128, 130
julio	143, 152
junio	143, 152

juntar	173
juntos	91

K

kilo(gramo)	100, 111
kiwi	100, 110
K-pop	182, 190

L

lámpara	72
lana	153
lavar los platos	153
lavarse	172, 177
leche	32, 126, 130, 167
lectura	190
leer	88, 90, 92, 124, 186
lejos de	64, 65, 73
lengua	90, 173
lento/a	189, 191
letras	83, 90
levantarse	172, 177
levemente	173
libra	111
limón	100, 110
limpiar	150, 153
limpio/a	72
lingüística	83, 90
lista	31, 79
literatura	82, 83, 90, 182
llamar	90
llevar	90, 92, 110, 136
llevarse bien/mal con	172
Llueve (mucho, un poco)	145, 152
Llueve poco	152
luna	49

Glosario 229

lunes 91, 143
luz 72

M

madre 31, 120, 126, 130
maduro/a 131
mambo 182, 190
mañana 68, 164, 170, 172
mandarina 100, 110
manejar 92
manera 173
manga 110
mango 100, 110
manzana 49, 51, 79, 100, 110
maorí 173
mapa 33, 72
maquillarse 172, 177
mar 107, 111
marido 120, 130
marisco 130
marrón 42, 48, 102
martes 91, 143
marzo 143, 152
mascota 31
matemáticas 83, 90
mayo 143, 152
mayor 40, 48, 120
mayor (que) 120, 130
media 164, 172, 174
media hora 172
médico/a 29, 31
medir 133
mejilla 173
mejor 173
melocotón 100, 110
melón 100, 110

menor (que) 120, 130
menos 164, 167, 172, 174
mensaje de texto 173
mensaje electrónico 131
merendar 131
merengue 182, 190
metro 64, 188, 191
mexicano/a 45, 49
México 44, 45, 49
miércoles 91, 143
minifalda 153
misa 111
mochila 72
modelo 31
montar en bicicleta 124, 130
morado/a 42, 48
moreno/a 40, 48
mostrador/a 191
mostrar 132, 173, 192
moto(cicleta) 33, 188, 191
mucho 111, 115
muestra 173
mujer 31, 32, 56, 120, 130
museo 70, 111
música 83, 90, 173, 182
música clásica 131, 182, 190

N

nacimiento 153
naranja 110
(de color) naranja 48
nariz 173
natación 182, 187, 190
navegar (por el Internet) 91
Navidad 148, 153
necesitar 91

negro	40, 42, 48, 102
nervioso/a	68, 70, 73
nieto/a	120, 130
Nieva (mucho, un poco)	145, 152
Nieva poco	152
noche	30, 106, 164, 172
Nochebuena	148, 152
Nochevieja	148, 153
nombre	24, 30, 31
normal	173
noticia	153
novela	182, 190
novela (de misterio y fantasía)	190
noviembre	143, 152
nuera	120, 130
nuevo/a	31, 62
Nueva Zelanda	173
número	27, 31, 59, 96, 117
número de teléfono/celular	31
número de teléfono	27, 31
(casi) nunca/jamás	85, 86, 91

O

objeto histórico	111
obra	111, 190
obra de arte	111
obra literaria	190
obtener	191
ocasionalmente	153
octubre	143, 152
ocupado/a	73, 85
oficina de correos	73
ojo	49
ómnibus	191
optimista	41, 48, 55
ordenador	72

ordenador portátil	91
organizar	170, 173
origen	46, 47, 49
otoño	142, 144, 152
oxígeno	91

P

padre	31, 120, 123, 130
paella	127, 130
pajarita	110
panadería	111
Panamá	44, 45, 49
panameño/a	45, 49
pan de cortijo	130
pantalla	72
pantalones	102, 105, 110
papas (fritas)	131
papelería	73
para	91
parada de autobuses	73
paraguas	152
pared	72
pareja	173
parque	70, 73
partido (de fútbol, de béisbol, etc.)	131
pasaporte	191
pasar la aspiradora	150, 153
pasarlo bien/mal	91
Pascua	148, 153
pasear	131, 144
pasta	127, 130
pastel	111
patatas (fritas)	126, 127, 131
patinaje sobre hielo	191
patinar sobre el hielo	191
pedir	131, 133, 192

peinarse	172, 177
pelearse con	172
película	111, 131, 182, 190
película de terror	131, 182
peluquería	29, 31
peluquero/a	29, 31
peor	173
pequeño/a	48
pera	100, 110
perezoso/a	40, 41, 48
periódico	131
periodista	31
perrito caliente	128, 131
perro	73
persona	31
Perú	44, 45, 49
peruano/a	45, 49
pesa	107, 110, 111
pescado	127, 130
pescar	107, 110
pesimista	41, 48
peso	111
pimiento	131
piña	100, 110
pintar	190
pintura	182, 190
piscina	130
piso	91
pizarra	72
pizzería	73
plan	106, 111
planchar la ropa	153
planear	91
plátano	100, 110
playa	70, 73, 111
poema	91
policía	31
pollo (asado)	131

ponerse la ropa	172, 177
por eso	91
por kilo	111
por supuesto	170, 173
por unidad	111
porque	68, 88, 91
portugués	49
postre	131
practicar ejercicio	131
precioso/a	131
preferido/a	190
preferir	131, 132
preocupado/a	68, 70, 73
preparar la comida	153
primavera	142, 144, 152
profesor/a	29, 31, 82, 102
pronóstico (del tiempo)	152
próspero/a	153
próximo/a	91
proyector	62, 72
prueba	91
psicología	83, 90
psicólogo/a	31
pueblo natal	191
puerta	72, 79
punto	27, 31
puntual	189, 191
pupitre	62, 72

Q

quedarse	110
quesadilla	128, 131
queso	131
química	83, 90
quitarse los zapatos	172
quitarse la ropa	177

R

rápido/a	131, 189
raqueta de bádminton	111
real	111
recibir	91, 93
recoger el equipaje	191
recomendación	91
redondo/a	72
refresco	128, 131
regresar	91
regué	182, 190
Reino Unido	45, 47, 49
relacion interpersonal	173
relajado/a	70, 73
relajante	189, 191
relajar	191
reloj	72
reparar	107, 110
reservar	190
residencia estudiantil	91
respeto	173
responsable	91
respetar	173
restaurante	29, 31
reunirse	173
revisar el correo electrónico	173
rock	182, 190
rojo/a	42, 48
ropa	72, 102, 110, 152, 172, 177
(de color) rosa	48
rosado/a	48, 128, 131
rubio/a	40, 48
Rusia	49
ruso/a	49, 83
rutina diaria	167, 173

S

sábado	91, 143
sacar	173
sacar fotos	185, 191
sacar la basura	153
sacudir	173
sal	131
sala de entrevista	70, 73
salir	106, 107, 110, 144, 153, 154
salir afuera	144, 153
salmón	128, 131
salón	72
salsa	182, 190
saludar	173
saludo	22, 30, 173
samba	182, 190
sandalias	153
sandía	100, 110
sándwich	127, 131
San Pablo	49
secarse (el pelo)	172, 177
según	173
Semana Santa	148, 152
semestre	82, 90
señor (Sr.)	31
señora (Sra.)	31
sentado/a	68, 73
sentido	173
separado/a	120, 130
septiembre	143, 152
ser	30, 49
seres queridos	153, 170
ser querido	173
serio/a	41, 48
sexo	46, 47, 49
(casi) siempre	86, 91
silla	62, 72

sillón	72
simpático/a	41, 48
sincero/a	41, 48
sobre	65, 73
sobre todo	131
sobrino/a	120, 130
sociología	83, 90
sofá	72
sol	49
soler	173
solo	73, 120
soltero/a	120, 130
sopa	127, 131
subirse a	191
sucio/a	72
sucursal	131
sudadera con capucha	105, 110
suegro/a	120, 130
suéter	152
supermercado	73, 131

T

tabla	31
tacaño/a	41, 48
taco	126, 131
talentoso/a	41, 48
tango	182, 190
tanto/a	88, 91
tardar	172, 176
tardar(se)	172
tarde	30, 111, 172
tarjeta personal	31
tarta	127, 131, 170
taxi	188, 191
té	128, 130
teatro	83, 90, 182

telenovela	124, 131
televisión	72
televisor	72
temprano	111
tener	49, 60
tener (mucha) hambre	73, 69
tener (mucha) prisa	73, 69
tener (mucha) sed	73
tener (mucho) calor	73, 69
tener (mucho) frío	73, 69
tener (mucho) miedo	73, 69
tener (mucho) sueño	73, 69
tener la misma edad (que)	131
tenis de mesa	182, 190
Tíbet	173
tiempo libre	185, 190
tienda	29, 31
tienda de móviles	73
tienda de regalos	73
tímido/a	41, 48
tío/a	91, 120, 130
típico/a	173
tirar la basura	153
tiza	72
tocador	72
tocar (el piano, el violín, etc.)	131
tocar el instrumento	190
todo el día	124, 131
todo el mundo	91
todos los días	86, 91
tomar	91, 92, 191
tomar sol	110, 144
tomate	100, 110
tonto/a	41, 48
tostadas	131
trabajador/a	41, 48, 120
traje	102, 110

traje de baño	110
tranquilamente	173
tranquilo/a	73
tranvía	188, 191
tren	111, 188, 191
triste	68, 70, 73
trucha	128, 130
tumba	153

U

un cuarto de hora	167, 172
un diente (de ajo)	131
un gramo de	131
un kilo(gramo) de	131
último/a	153
un minuto	172
un segundo	172
una cucharada de	131
una hora	172, 188
una vez (dos/muchas veces) a la semana	86, 91
uniforme	110
útil	91
uva	100, 110

V

vainilla	131
(pantalones) vaqueros	110
vaso	131
ventaja	191
ventana	72
ver	110
verano	111, 142, 144, 152
verde	42, 48, 79, 102
vestido	102, 110
veterinario/a	31
viajar	92, 110, 186

viejo/a	56
viernes	91, 143
vinagre	131
vino (tinto, blanco, rosado, de la casa)	127, 128, 131
(de color) violeta	48
visitar	153
viudo/a	120, 130
vivir	91, 93
vuelo	173

W

won	111

Y

y	164, 172, 174
ya	68, 91
yen	111
yerno	120, 130
yogur	127, 131

Z

zapatería	111
zapatillas de tenis	102, 110
zapatos de tacón	102, 110
zona	153

Glosario

MEMO

MEMO

MEMO

CURSO DE ESPAÑOL
Inicial ❶

지은이 양성혜, 정혜윤, 정인태, 신태식, 이재학
펴낸이 정규도
펴낸곳 (주)다락원

초판 1쇄 발행 2019년 2월 19일
초판 7쇄 발행 2025년 9월 16일

편집 이숙희, 장지은, 한지희
디자인 김교빈, 윤현주
일러스트 장덕현
감수 Roberto Vega Labanda
녹음 Miguel Kim, Verónica López Medina

🖉 다락원 경기도 파주시 문발로 211, 10881
내용 문의 (02) 736-2031 (내선 420~426)
구입 문의 (02) 736-2031 (내선 250~252)
Fax (02) 738-1714
출판등록 1977년 9월 16일 제406-2008-000007호

Copyright ⓒ 2019, 양성혜, 정혜윤, 정인태, 신태식, 이재학

저자 및 출판사의 허락 없이 이 책의 일부 또는 전부를
무단 복제·전재·발췌할 수 없습니다. 구입 후 철회는 회사
내규에 부합하는 경우에 가능하므로 구입 문의처에 문의하시기
바랍니다. 분실·파손 등에 따른 소비자 피해에 대해서는
공정거래위원회에서 고시한 소비자 분쟁 해결 기준에 따라
보상 가능합니다. 잘못된 책은 바꿔 드립니다.

ISBN 978-89-277-3230-3 18770
      978-89-277-3229-7 (set)

http://www.darakwon.co.kr
다락원 홈페이지를 방문하시면 상세한 출판 정보와 함께
MP3 자료 등 다양한 어학 정보를 얻으실 수 있습니다.